어딜 가든 필요한
힐링 여행영어

어딜 가든 필요한 힐링 여행영어

발행일   2024년 7월 5일

지은이   조상무
펴낸이   손형국
펴낸곳   (주)북랩
편집인   선일영   편집   김은수, 배진용, 김현아, 김부경, 김다빈
디자인   이현수, 김민하, 임진형, 안유경   제작   박기성, 구성우, 이창영, 배상진
마케팅   김회란, 박진관
출판등록   2004. 12. 1(제2012-000051호)
주소   서울특별시 금천구 가산디지털 1로 168, 우림라이온스밸리 B동 B113~115호, C동 B101호
홈페이지   www.book.co.kr
전화번호   (02)2026-5777   팩스   (02)3159-9637

ISBN   979-11-7224-187-2 03740 (종이책)   979-11-7224-188-9 05740 (전자책)

(주)**북랩** 성공출판의 파트너
북랩 홈페이지와 패밀리 사이트에서 다양한 출판 솔루션을 만나 보세요!
홈페이지 book.co.kr • **블로그** blog.naver.com/essaybook • **출판문의** book@book.co.kr

작가 연락처 문의 ▶ ask.book.co.kr
작가 연락처는 개인정보이므로 북랩에서 알려드릴 수 없습니다.

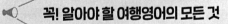

꼭! 알아야 할 여행영어의 모든 것

어딜 가든 필요한
힐링 여행영어

조상무 지음

북랩

힐링 여행을 떠나자

　생활 수준의 향상으로 2019년 들어 우리 국민의 해외여행은 절정에 다다랐다가 코로나19 팬데믹 기간 동안 급격히 침체되었으나 2023년에 이르러 거의 80% 수준으로 회복되었습니다. 국제화로 꽃핀 경제 개방 시대에 여행은 단순한 이동이 아닌, 우리의 시야를 넓히고 새로운 세계를 탐험하는 기회로 확연히 자리 잡아가고 있습니다. 여행은 언제나 사람의 마음을 두근거리게 만드는 매력적인 야외 활동으로 새로운 장소를 발견하고, 미지의 길을 걸으며, 다양한 사람들과 만나는 과정에서 자신을 더 깊이 성찰하는 시간을 갖게 합니다.

　일반적으로 우리는 자연 관광, 역사 탐방, 문화 체험, 편안한 휴식 등을 목적으로 여행을 다녀오며, 이러한 여행을 통해 자아 발견과 성장, 사회적 교류와 만남, 그리고 심신의 건강 등을 기대할 수 있습니다. 한편, 해외여행을 다녀온 사람들의 얘기를 들어보면 '현지 언어나 공용어인 영어를 조금만 알더라도 그들의 문화를 더 이해하고 공감할 수 있었을 텐데' 하는 아쉬움을 나타내기도 합니다.

여행을 할 때 중요한 것 중 하나는 언어입니다. 특히 영어는 세계에서 널리 사용되는 언어이므로 언제 어디든 영어를 사용해야 하는 경우가 많습니다. 하지만 영어 표현이 서툴러서 여행을 즐기는 데 어려움을 겪는 분들이 많습니다. 그만큼 현지 언어의 소통 수준이 여행의 맛을 한층 더 생생히 느끼게 하므로 여행 정보뿐만 아니라 여행 전 해당 언어에 대한 관심을 갖는 것이 중요합니다.

이 책은 현장에 맞게 적용할 수 있는 실용 여행영어 표현, 여행의 설렘과 기대를 안겨주고 기행문을 쓰는 데 유익한 생생 에세이, 새로운 경험과 도전에 힘이 되는 여행 정보 제공, 그리고 삶의 여정에서 지혜를 선사하는 여행영어 명언으로 구성되어 있습니다. 제1장에서는 여행을 떠나기 전 준비해야 할 사항과 여행하며 마주치는 다양한 상황에서 필요한 영어 표현들을 명쾌한 해석과 함께 수록하였습니다. 제2장에서는 필자가 여행을 통해 느꼈던 감정과 순간들을 현장감 있게 풀어놓았습니다. 독자 여러분이 여행의 설렘과 호기심으로 새로운 여정을 꿈꾸는 기회를 찾는 길잡이가 될 것입니다. 제3장에서는 미리 알고 있으면 좋은 여행 정보나 지식을 실제 여행을 즐기는 데 도움이 되도록 서술하였습니다. 제4장에서는 여행을 준비하는 분들이나 여행을 즐기는 분들을 위해 자신의 성장에 도움이 되는 여행영어 명언과 함께 명확한 해석을 곁들였습니다.

프랑스의 저명한 작가인 Marcel Proust는 "진정한 발견의 여정은 새로운 풍경을 찾는 것이 아니라 새로운 시각을 갖는 데 있다(The real voyage of discovery consists not in seeking new landscapes, but in having new eyes)"라는 여행 명언을 세상에 알렸습니다. 여행의 진정한 의미는 '새로운 경험을 통해 우리 자신의 내면을 발견하고 성장하는 데 매우 중요한 역할을 하는 것'으로, 여행의 진정한 목적을 주창합니다.

이 책은 '여행이 우리의 삶을 더욱 풍요롭게 하고, 도전 정신과 열정을 일깨워주며, 숫자로 측정하기 어려운 고품격 가치를 제공해준다'라는 아이디어를 제시하고 있습니다. 다시 말해 여행은 언제나 우리에게 새로운 경험과 미래의 긍정적 희망을 선사하는 지속 가능한 삶의 여정입니다.

여행은 일상에서 벗어나 새로운 장소에서 새로운 사람들을 만나고, 새로운 문화와 역사를 경험하면서 자신의 내면을 돌아보고 성장할 수 있는 기회를 제공합니다. 세상에는 우리가 아직 보지 못한 놀라운 것들이 많으므로 그것들을 볼 수 있는 기회를 포기하지 말고 이 책과 함께 가능하면 멀리, 자주, 그리고 후회하지 않는 자신만의 힐링 여행을 떠나길 바랍니다.

2024년 여름

조상무

목차

제1장 ‖ 상황별 여행영어 표현

제2장 | 설레는 여행영어 에세이

제3장 ‖ 아는 만큼 즐기는 여행

제4장 ‖ 살펴보는 여행영어 명언 50

제1장

상황별 여행영어 표현

여행 준비

    여행을 떠나기 전에 여행의 목적, 장소, 날씨, 수하물 반입 조건 등을 고려하여 챙겨 가야 할 물품의 목록(List)을 만들어 놓고 차근히 준비해 나가면 편안한 마음으로 여행을 다녀올 수 있습니다. 여행에 필요한 돈과 여권, 상비약(Household medicine)은 반드시 휴대용 가방에 챙겨야 하며 다른 귀중품도 위탁 수하물(Check-in baggage)에 넣지 않는 것이 좋습니다.

    그뿐만 아니라 로밍된 휴대폰(Roamed Cell phone), 해외에서 사용 가능한 신용카드, 목적지에 맞는 전력변환장치(Adapter), 여행 보험 등을 챙겨 가면 현지에서 여행의 불편함을 줄일 수 있습니다. 특히 여행을 다니며 새롭게 경험한 것들을 적는 여행일지를 준비하여 5W1H(Who, When, Where, What, Why, How) 원칙에 따라 기록을 해 놓으면 나중에 여행기를 쓸 때나 여행의 기억을 오랫동안 간직하는 데 많은 도움이 됩니다.

We should make a list of everything that we need to take with us.

＊ make a list of: ~의 목록을 작성하다, 만들다, 리스트를 마련하다

해석 1

우리가 가지고 가야 할 모든 물건의 목록을 만들어야 합니다.

Mirae was very disappointed because she forgot to pack her swimsuit for the beach trip.

＊ disappoint: ~을 실망시키다 (= let down), 저버리다, 낙담시키다 (= discourage), 좌절시키다 (= frustrate)

해석 2

미래는 해변에 갈 때 수영복을 챙기는 것을 잊어서 매우 실망했습니다.

You need to check the local customs and etiquettes.

* custom: 풍습, 관례, 관습 (= tradition), 주문 제작한 (= custom-made), 맞춤의

해석 3

현지의 관습과 에티켓을 확인해야 합니다.

비행기 예약

　일반적으로 비행기 티켓(Airline ticket)을 가장 저렴하게 예약 (Booking)할 수 있는 날은 토요일, 수요일 등이며 항공권이 상대적으로 비싼 요일은 금요일 등입니다. 따라서 토요일 등에 항공권을 예약하거나 탑승일자보다 일찍 예약하면 할수록 훨씬 저렴하게 비행기 표를 구입할 수 있습니다.

　특히 이코노미석의 경우 국내선, 국제선 모두 출발일이 다가올수록 항공료가 비싸지는 경향이 있지만, 항공권 가격은 수시로 변경될 수 있으므로 시간 날 때마다 가격 상황을 확인하면 항공권을 저렴하게 구입할 확률을 높일 수 있습니다. 일반적으로 웹사이트에서 원하는 저가 항공권을 검색한 다음 해당 항공사나 여행사에서 예약을 해놓으면 관련 업체로부터 예약 확정 이메일을 비롯해 여행에 필요한 많은 정보를 일정에 맞게 받을 수 있습니다.

A: Can I make a plane reservation?

B: Where are you traveling to?

A: I'd like to make a reservation from Seoul to New York.

B: When would you like to go?

A: I'd like to leave on October 15th

B: Hold on please. Let me check. We have seats available for October 15th. Would you like me to reserve them?

A: How often do you have flights?

B: We have two flights departing on that date.

A: What times do they leave?

B: On October 15th, the departure times are 9A.M. and 7P.M. Which time would you like to depart at?

A: I'd prefer a morning flight. Is it possible?

B: Yes, it is. Would you like one way ticket or round trip ticket?

A: I'd like round trip ticket.

B: Do you want to go economy, business or first class?

A: I want to go economy class.

B: How many people?

A: Two people. My wife will be traveling with me.

B: May I have your name please?

A: My first name is Gildong, last name is Hong.

B: Tell me your mobile phone number?

A: My phone number is 010-1234-5678

B: Wait a minute please. Your seats are booked.

A: Thank you so much.

* make a reservation: ~을 예약하다 (= book a reservation)
* travel to: ~로 여행하다 (= go on a trip to), 이동하다
* hold on: 잠깐 기다리다 (=wait a minute, hold on a second)
* available for: ~에 대해 구입할 수 있는, 이용할 수 있는
* round trip ticket: 왕복티켓 (↔ one way ticket)
* prefer: ~을 선호하다, 좋아하다 (= like)
* economy class: 일반석, 보통석 (cf. business class, 일반석보다 한 단계 높은 등급의 좌석)
* be booked: 예약되다 (= be reserved)

해석 1

A: 비행기 예약을 할 수 있을까요?

B: 어디로 가실 겁니까?

A: 서울에서 뉴욕으로 가는 비행기를 예약하고 싶습니다.

B: 언제 가고 싶습니까?

A: 10월 15일에 가고 싶습니다.

B: 잠깐만요. 확인해볼게요. 10월 15일 좌석이 있는데, 예약해드릴까요?

A: 비행기는 얼마나 자주 있습니까?

B: 그날 출발하는 비행기가 2대 있어요.

A: 비행기는 언제 출발하나요?

B: 10월 15일 아침 9시, 저녁 7시에 출발합니다. 몇 시에 출발하고 싶습니까?

A: 아침 비행기를 타고 싶습니다. 가능한가요?

B: 예, 가능합니다. 편도인가요, 왕복인가요?

A: 왕복입니다.

B: 이코노미, 비즈니스, 일등석 중 어디를 원하십니까?

A: 일반석을 원합니다.

B: 몇 명이죠?

A: 두 명입니다. 제 아내와 함께 여행합니다.

B: 성함이 어떻게 되시지요?

A: 이름은 길동, 성은 홍입니다.

B: 휴대폰 번호를 말씀해주시겠어요?

A: 제 번호는 010-1234-5678입니다.

B: 잠깐만요. 좌석이 예약되었습니다.

A: 감사합니다.

예문 2

A: I'd like to reschedule my flight.

B: What date would you like to change it to?

A: I'd like to change it to May 15th instead.

B: We have seats available for the date.

A: Is there a change fee?

B: We will charge $50 for changes or cancellations prior to departure.

A: I see. Please do that.

---

* reschedule: (회의, 약속 등의) 일정을 다시 잡다, 변경하다, (부채 등의) 상환 기한을 연장하다
* change fee: 변경 수수료, 변경 비용, 환전 수수료, 교환 비용
* cancellation: (약속, 계약, 계획 등을) 취소 (= revocation), 철회 (= withdrawl)
* prior to departure: 출발 전에 (↔ prior to arrival), 출항 전에

해석 2

A: 비행기 예약을 변경하고 싶어요.

B: 어느 날짜로 변경하실 건가요?

A: 대신 5월 15일 가는 것으로 바꾸고 싶어요.

B: 그날 좌석이 있네요.

A: 변경 비용이 있나요?

B: 출발 전에 변경하거나 취소할 때는 50달러를 청구합니다.

A: 알겠어요. 그렇게 해주세요.

A: Hello, I'd like to cancel my reservation for the flight on May 20th, and book on May 19th instead, please.

B: We have two flights on May 19th, but both flights were full booked.

A: Can we put our names on the waiting list?

B: We'll place your names on the waiting list. If your reservation is confirmed, we'll let you know.

A: I expect to hear good news.

---

* waiting list: 대기자 명단, 후보인 명부, 보결인 명부
* place one's name on: ~에 이름을 올리다, 기재하다
* confirm: 확인하다 (= verify), 입증하다 (= corroborate), 확정하다

해석 3

A: 안녕하세요. 5월 20일 항공편 예약을 취소하고 대신 5월 19일 항공편으로 예약하고 싶어요.

B: 5월 19일에 두 편의 항공편이 있는데 항공편 모두 예약이 되었네요.

A: 대기자 명단에 우리 이름을 올려도 될까요?

B: 대기자 명단에 이름을 올릴게요. 예약이 확정되면 알려드리겠습니다.

A: 좋은 소식을 기다릴게요.

호텔 예약

　보통 다음 여행 목적지로 이동하기 전에 온라인, 전화, 메일 등으로 현지의 숙소를 예약해두는 것이 좋습니다. 요즘은 어디든지 온라인 예약이 잘 되어 있으므로 해당 사이트에서 숙소 구조, 객실 종류, 숙박 요금, 예약 일자, 환불 조건, 기타 서비스 등을 꼼꼼히 살펴보고 예약할 수 있습니다.

　온라인 예약 사이트에서 숙박 예정일에 객실을 예약할 수 없는 경우 자신의 이름과 전화번호 등을 입력해놓으면 운 좋게 원하던 숙소를 구할 수도 있습니다. 특히 어쩔 수 없이 여행 일정이 변경되어 예약을 취소해야 하는 경우에는 사전에 취소 가능 시한, 취소 시 환불 조건 등을 알아놓으면 예약 취소에 불편함이 줄어듭니다.

A: I'd like to make a reservation.

B: For which dates are you going to stay in this hotel?

A: I am planning to stay from October 15th to October 25th.

B: What kind of room do you want?

A: I'd like to get a double room. And I'd like to reserve a nonsmoking room facing the ocean.

B: The total comes to $1,500 after tax.

A: I'll reserve it. Do I have to pay upfront?

B: Yes, you do. When do you expect to arrive at the hotel?

A: I expect to get there by evening.

B: May I have your full name and telephone number?

A: My name is Gildong Hong, 010-1234-5678.

B: Your reservation is made. Let me confirm your reservation. We look forward to seeing you in New York.

A: Thank you.

* **make a reservation**: 예약하다 (= reserve, book)
* **for which dates**: 며칠 동안 (= for how many days), 어느 날짜에
* **The total comes to**: 총액은 ~이다, 합계는 ~이다
* **pay upfront**: 선불로 지불하다 (↔ pay later), 선지급하다 (= pay in advance)
* **expect to**: ~할 예정이다, ~하는 것을 기대하다
* **look forward to ~ ing**: ~을 고대하다, 기대하다 (= anticipate)

해석 1

A: 예약하고 싶어요.

B: 이 호텔에 며칠 동안 머물 예정입니까?

A: 10월 15일부터 10월 25일까지 머무를 예정입니다.

B: 어떤 방을 원하세요?

A: 2인실을 예약하고 싶어요. 그리고 바다가 보이는 금연 방으로 예약하고 싶습니다.

B: 세금 포함 총 $1,500이 됩니다.

A: 예약할게요. 선불로 지불해야 하나요?

B: 네, 그렇습니다. 호텔에 언제 도착할 예정입니까?

A: 저녁까지는 거기에 도착할 것 같아요.

B: 성함과 전화번호를 알 수 있을까요?

A: 제 이름은 홍길동, 010-1234-5678입니다.

B: 예약이 완료되었습니다. 예약을 확인해 드리겠습니다. 뉴욕에서 당신을 만나기를 고대합니다.

A: 감사합니다.

A: I'm calling to cancel my reservation.

B: When's your reservation dates?

A: My reservation was for October 10th through 20th.
Is there any cancellation charge?

B: If you don't cancel your reservation by the day
before your scheduled arrival, you'll be charged a
penalty of one night's room rate.

* cancellation charge: (예약 등의) 취소 수수료 (= cancellation charge)
* room rate: (호텔 등 숙박 시설의) 객실 요금 (= room charge), 객실 가격 (= room price), 객실 수수료

해석 2

A: 예약을 취소하려고 전화했어요.

B: 예약 날짜가 언제예요?

A: 10월 10일부터 20일까지 예약했는데요. 취소 수수료가 있나요?

B: 도착 예정일 전날까지 예약을 취소하지 않으면 하룻밤 객실 요금이
위약금으로 부과되지요.

공항 체크인

여행 준비를 꼼꼼히 마친 다음 넉넉한 마음으로 최소한 비행기 출발 2시간 30분 전에는 공항에 도착해야 합니다. 공항에 도착하면 자신이 예약한 항공사의 카운터에 가서 비행기 티켓에 대한 안내도 받고 기내에 들고 들어가지 않을 수하물(짐)을 부치는 절차를 탑승 수속(Check in)이라고 합니다.

또한 수하물 규정은 항공사마다 다르므로 자신이 이용하는 항공사의 규정을 미리 확인해야 하며, 특히 수하물 무게, 개수, 부피 등을 사전에 확인하여 초과 요금이 발생하지 않도록 부칠 것과 기내에 들고 탈 것을 적절히 분배하는 것이 좋습니다. 따라서 공항으로 출발하기 전에 기내 반입이 어려운 물건과 위탁 금지 품목을 파악하여 여행에 꼭 필요한 물품만 가방에 정리해놓는 정성이 요구됩니다.

A: May I see your ticket and passport?

B: Here you are. I have booked airline tickets online.

A: Do you prefer a window or aisle?

B: Can I have a window seat, please?

A: There are only aisle seats available. How many bags are you checking in?

B: I have these two suitcases.

A: You will be charged if you check in more than one bag.

B: There are fragile items in my bag. Could you attach "fragile" sticker on my bag?

A: All right. Can you place your baggage up here? Your baggage is 20 pounds over the limit.

B: What's the baggage weight limits?

A: Overweight baggage charges should be applied if luggage is over 70 pounds limits.

B: All right.

A: Here are your boarding pass and baggage claim tickets.

B: Thank you so much.

* **aisle seats available**: 구입 가능한 안쪽 좌석, 사용 가능한 통로 좌석
* **check in**: (가방, 짐 등을) 부치다, (탑승 등의) 수속을 밟다
* **charge**: 추가 요금을 부과하다 (= charge an additional fee)
* **fragile items**: 깨지기 쉬운 물건, 손상되기 쉬운 물품
* **"fragile" sticker**: 깨지기 쉬운 물건이 가방 안에 있으니 취급에 유의하라고 붙이는 스티커
* **baggage weight limits**: 수하물 중량 한도
* **overweight baggage charges**: 수하물 중량 초과 요금

해석 1

A: 티켓과 여권 좀 주시겠습니까?

B: 여기 있습니다. 인터넷으로 비행기를 예약했어요.

A: 창가나 복도 중 어느 좌석을 원하십니까?

B: 창가 좌석이 있습니까?

A: 안쪽 좌석밖에 남은 것이 없습니다. 가방 몇 개를 부치실 거죠?

B: 여행가방이 두 개 있어요.

A: 가방 1개 이상일 경우 추가 요금이 있습니다.

B: 제 가방에 깨지기 쉬운 물건들이 있습니다. '파손주의' 스티커를 제 가방에 붙여 주실래요?

A: 알겠습니다. 가방을 위에 올려주실래요? 20파운드 초과되었네요.

B: 수하물 허용 중량은 얼마죠?

A: 수하물이 70파운드를 초과하는 경우에는 수하물 중량 초과 요금이 적용됩니다.

B: 알겠습니다.

A: 여기 탑승권과 수하물표가 있어요.

B: 감사합니다.

예문 2

A: Where can I charge my phone for free near here?

B: You can go to internet lounge.

A: Where is the internet lounge?

B: Go to the end of the walkway, down the stairs, and to the right.

* for free: 무료로 (= free of charge, at no cost, complimentary)
* internet lounge: 인터넷 라운지, 즉 휴식, 일반 업무 처리, 탑승 전 대기, 인터넷 사용, 휴대폰 충전 등을 위한 공간
* walkway: 보행로, 산책로, 복도 (= corridor), 통로, 보도

해석 2

A: 이 근처 어디에서 휴대폰을 무료로 충전할 수 있나요?

B: 인터넷 라운지에 가셔도 돼요.

A: 인터넷 라운지는 어디에 있나요?

B: 통로 끝으로 가서 계단을 내려가서 오른쪽으로 가세요.

공항 둘러보기

　공항에 들어서자마자 외국어로 된 익히 아는 안내판, 신호, 기호 등을 보면 왠지 마음이 설레고 자신이 정말 해외여행을 떠난다는 것을 실감나게 합니다. 특히 공항이나 기내에서 자주 사용되는 어휘를 안다면 다른 사람들과 의사소통뿐만 아니라 자신의 비행 일정에서 별 불편함 없이 입국까지 잘 마무리할 기회가 될 수 있습니다. 따라서 해외여행을 할 때 현지 국가의 여러 가지 상황에서 사용되는 어휘들을 숙지해놓으면 부담 없이 편하게 자신이 계획한 일정을 소화해낼 수 있는 것입니다.

　다음과 같이 공항이나 기내에서 자주 만나게 되는 어휘들을 정리했으므로 미리 참고하시면 여행 첫날부터 많은 도움이 될 것입니다.

① Aisle: 통로, 안쪽

② Aisle seat: 복도 쪽 좌석

③ Arrival: 도착

④ Attendant call: 승무원 호출

⑤ Beverage: 음료 (= drink)

⑥ Blanket: 담요

⑦ Call button: 호출 버튼

⑧ Captain: 기장

⑨ Complimentary: 무료의

⑩ Concourse: 중앙홀

⑪ Customs declaration: 세관 신고서

⑫ Delay: 지연

⑬ Departure: 이륙 (= taking off), 출발

⑭ Disembarkation: 입국카드 (= entry card)

⑮ Duty-free shops 면세점

⑯ Duty-free items 면세품

⑰ Emergency exit: 비상구

⑱ Emergency evacuation: 비상 탈출

⑲ Entertainment system 미디어 시스템

⑳ Eye mask 안대: (= sleep mask)

㉑ Facial tissue: 얼굴용 티슈

㉒ Flight attendant: 승무원 (= Flight crew)

㉓ Flight No: 비행기 ~편

㉔ Flush: (화장실 변기의) 버튼을 누르다

㉕ Landing: 착륙

㉖ Lavatory: 화장실 (ex. occupied: 사용 중, ex. vacant: 비어 있음)

㉗ Life vest: 구명조끼 (= Life jacket)

㉘ Liquor: 술

㉙ Local time: 현지 시각

㉚ Middle seat: 가운데 좌석 (= Center seat)

㉛ Motion sickness 멀미: (= airsickness)

㉜ Overhead compartment: 기내 선반 (= Cabin)

㉝ Oxygen mask: 산소마스크

㉞ Passenger: 승객

㉟ Pillow: 베개

㊱ Porter: 짐꾼

㊲ Reading light: 독서등

㊳ Safety demonstration: 안전수칙 시연

㊴ Sanitary envelope: 위생 봉투

㊵ Seat belt: 안전벨트

㊶ Shuttle bus: 셔틀버스

㊷ Terminal: 터미널

㊸ Toiletries: 세면도구

㊹ Tray table: 식사용, 접이식 테이블

㊺ Vomit: 구토(하다)

㊻ Window seat: 창가 쪽 좌석

기내에서 (1)

    유럽 등 장거리 여행을 할 때에는 기내(On the Plane)에서 식사를 제공하는 것이 원칙이며 보통 두 가지의 식단(Chicken or Beef) 중 하나를 고를 수 있게 되어 있으니 원하는 것을 골라 주문하면 됩니다. 비행기 안에서 잠이 오지 않는 경우에는 영화를 보거나 신문, 잡지 등을 달라고 해서 볼 수도 있고, 반대로 편하게 숙면을 취하고자 한다면 베개나 담요 등을 추가로 요청하여 보다 편안한 기내 서비스를 받길 바랍니다.

    또한 기내에서도 일부 면세품(Tax-free goods)을 판매하고 있으니 좌석 앞에 비치되어 있는 안내 책자를 살펴보고 승무원에게 문의하면 됩니다. 그뿐만 아니라 기내에서 멀미 등으로 몸이 갑자기 편치 않은 돌발 상황에 처할 때에는 자신의 어디가 어떻게 아픈지 등을 승무원에게 설명하면 여행의 불편함은 곧 사라질 것입니다.

A: We are taking orders for dinner. Would you like chicken, fish or beef steak?

B: I'd like the chicken.

A: Please put your tray down in front of you. Would you like to have something to drink?

B: Orange juice, please.

---

* take order for: ~에 대한 주문을 받다
* put down: ~을 내려주다, 내려놓다
* in front of: ~ 앞에서 (↔ behind, at the back)

해석 1

A: 저녁 식사 주문을 받고 있어요. 치킨, 생선, 비프스테이크 중 어느 것을 원하세요?

B: 치킨으로 주세요.

A: 선반을 앞에 내려놓으세요. 마실 것 좀 드실래요?

B: 오렌지 주스 주세요.

A: What seems to be the problem?

B: I'm feeling under the weather. Do you have any medicine? I need some emergency medicine for airsickness.

A: I'll get you airsickness medicine.

B: Thank you so much.

* seem to: ~처럼 보이다, ~인 것 같다
* feel under the weather: 몸 상태가 안 좋다 (= feel unwell, feel ill)
* emergency medicine: 비상약, 구급약 (= first-aid medicine)
* airsickness medicine: 비행기 멀미약

해석 2

A: 무슨 일인가요?

B: 몸이 불편해요. 약이 있으면 멀미약 좀 주세요.

A: 멀미약을 드릴게요.

B: 고맙습니다.

A: My flight has been delayed. How much will I get compensated?

B: You're not entitled to compensation if the delay was due to severe weather condition. Compensation for delayed flights depends on the reason for the delay.

* be entitled to: ~할 권리를 갖는다, ~할 자격을 갖는다 (= be eligible for, be qualified for), ~을 받을 수 있다, ~할 수 있다
* compensate: 보상하다 (= remunerate), 갚다 (= pay back), 변상하다 (= reimburse), 보충하다 (= replenish) 몡 compensation
* severe weather condition: 악천후 (= extreme weather), 기상 악화
* depend on: ~에 달려 있다 (= count on, be contingent on), ~에 의존하다 (= rely on, be dependent on)

해석 3

A: 비행기가 연착됐어요. 보상은 얼마나 받을 수 있나요?

B: 악천후로 인해 지연이 발생한 경우 보상을 받을 수 없어요. 항공편 지연에 대한 보상은 지연 사유에 따라 달라집니다.

기내에서 (2)

　개인의 상황에 따라 다르지만 비행기 안(In-flight)에 휴대폰, 노트북, 지갑, 가방, 헤드폰, 책, 옷, 액세서리, 기타 귀중품 등 다양한 물건을 깜빡 잊고 내리는 경향이 있습니다. 이러한 물건들은 주의가 산만해지거나 비행 중 특정 상황에 집중하다 보면 챙기지 못할 수 있으므로 비행기에서 내릴 때는 머리 위의 짐칸(Overhead compartment)이나 의자 주변 등을 확인하고 모든 소지품(Belongings)을 잘 챙기는 것이 좋습니다.

　혹시 비행기에서 내려 공항 안으로 들어와서야 두고 내린 물건이 있다는 것을 알았을 때 당황하지 말고 다음과 같이 조치를 취한다(Taking steps)면 물건을 찾는 데 도움이 됩니다. 우선 비행기에서 두고 내린 물건이 있다는 것을 곧바로 항공사 또는 공항 직원에게 신고하고 전화번호, 이메일 주소 등을 포함한 분실 보고서(Lost and found report)를 작성해서 제출합니다.

또한 모든 공항에는 분실물 센터(Lost-and-found)나 서비스 데스크가 있으므로 해당 장소에 가서 물품을 찾는 데 필요한 정보를 제공하면 적절한 안내를 받을 수 있습니다. 특히 비행기 안에 중요한 문서, 귀중품, 전자기기 등을 두고 내린 경우 여행자 보험(Traveler's insurance)을 통해 보상받을 수 있는지도 확인할 필요가 있습니다.

예문

When you open the overhead compartments, be careful as the contents may have shifted during the flight. Before leaving the aircraft, please check to make sure that you have not left any items behind.

* compartment: 칸막이 구획, 칸막이로 나뉜 칸 (= overhead compartment, 짐칸), 칸막이 객실
* content: (상자, 가방 등의) 내용물, (책, 영화 등의) 내용 (ex. contents, 목차), 만족하다, 만족하는, 만족감
* shift: 이동하다, (태도, 계획, 상황, 기어 등을) 바꾸다, (물건 등을) 옮기다, (교대) 근무 시간, 근무조, (정책, 태도 등의) 전환, 변화
* check to make sure (that): 분명히 ~하도록 확인하다, 확실히 ~하도록 점검하다, ~임을 반드시 확인하다 (= confirm that)

해석

머리 위 짐칸을 열 때, 비행 중 내용물이 이동했을 수 있으니 주의하세요. 항공기에서 내리시기 전에, 두고 가는 물건이 없는지 반드시 확인하시기 바랍니다.

입국 심사

설레는 마음을 가다듬고 고대하던 목적지 공항에 착륙하기 전 승무원이 해당 입국 국가의 신고서를 나눠주는데, 일반적으로 이 양식은 입국 신고서(Immigration form)와 세관 신고서(Customs form)로 되어 있습니다. 두 신고서를 작성할 때 모두 영문으로 작성해야 하며, 입국 과정에서 불편한 상황이 발생하지 않도록 정확하고 정직하게 작성해야 합니다. 입국 신고서 등을 작성하다가 기재 오류 등 실수를 했을 경우 승무원에게 바로 도움을 요청하면 친절한 안내를 받을 수 있습니다.

입국 수속(Immigration procedure)은 입국(Entry)하기 위해 거쳐야 할 절차를 말하는데, 입국 심사(Immigration)를 받을 때에는 간단명료하게 답하는 것이 최선입니다. 여행자는 여권, 항공권, 입국카드를 미리 준비해두고 방문 목적, 직업, 체류 기간, 체류 예정지 등에 대한 질문을 받으면 불필요한 설명을 할 필요 없이 간단하고 명확하게 대답하면 됩니다. 경우에 따라서는 소지품, 현금 규모, 입국 경험, 귀국편 예약 등에 대해 물을 수도 있으니 있는 그대로 적절히 설명할 수 있다면 자신이 정말 입국했다는 실감이 날 것입니다.

예문

A: How was your flight?

B: Very comfortable.

A: May I see your passport and immigration form?

B: Here you are.

A: What's the purpose of your visit?

B: I am here on business.

A: Who will you be visiting?

B: I have an appointment with the staff of the trading company.

A: Where are you going to stay here?

B: I am going to stay at Star hotel.

A: How long will you be here?

B: I'll plan to stay for 2 weeks.

A: Do you have a return ticket to Korea?

B: I made a reservation for returning flight. Here is my return ticket.

A: How much money are you bringing?

B: I will use my credit card and I have about $1,000 in cash.

A: Have you visited U.S. before?

B: I've been here once before. I visited as a traveler for sightseeing.

A: Have a good time.

B: Thank you so much.

---

* immigration form: 입국 신고서 (= disembarkation card)
* Here you are: 여기 있어요 (= Here you go, There you go)
* on business: 업무로, 사업상, 일로 (↔ for sightseeing)
* have an appointment with: (고객, 의사 등과) 만날 약속이 있다
* trading company: 거래하는 회사 (= client company), 무역회사, 무역상사
* plan to: ~할 예정이다 (= plan on, be ~ing)
* return ticket: 돌아가는 비행기 표, 왕복 표 (= round trip ticket)
* make a reservation: 예약하다 (= book, reserve)
* in cash: 현금으로 (cf. by credit card, 신용카드로)
* traveler for sightseeing: 관광 여행자 (↔ business traveler)

A: 비행기 여행은 어땠어요?

B: 아주 좋았습니다.

A: 여권과 입국 신고서를 보여주시겠어요?

B: 여기 있습니다.

A: 방문 목적이 무엇이지요?

B: 일 때문에 왔습니다.

A: 누구를 만날 예정입니까?

B: 거래 회사 직원과 약속이 있어요.

A: 여기 어디에서 묵으실 건가요?

B: 스타 호텔에 묵을 예정입니다.

A: 여기 얼마나 계실 거예요?

B: 2주 동안 머무를 예정입니다.

A: 한국으로 돌아가는 비행기 표가 있나요?

B: 돌아가는 비행기 편을 예약했어요. 여기 제 귀국편 표입니다.

A: 돈은 얼마나 가져오셨나요?

B: 신용카드를 사용할 거고 현금은 약 1,000달러 정도 있어요.

A: 전에 미국을 방문한 적이 있나요?

B: 전에 한 번 와봤어요. 관광 여행자로 방문한 적이 있어요.

A: 좋은 시간 보내세요.

B: 정말 고마워요.

세관 신고

해외여행을 할 때 면세점이나 현지 매장에서 평소 사고 싶었던 시계나 가방 등을 구입하는 경우가 많습니다. 그렇게 구매하면 국내보다 더 저렴하고 다양한 상품을 구매할 수 있을 뿐만 아니라 세금도 면제받을 수 있어 합리적인 가격에 소비가 가능하기 때문입니다.

먼저 입국할 때 세관 신고서(Customs declaration)를 정확하게 작성해서 불편한 상황이 발생하지 않도록 주의해야 하며, 만약 세관에 자진 신고를 하지 않아 적발되면 세금의 일정 비율에 해당하는 비싼 가산세를 물어야 하는 곤란을 겪게 됩니다. 특히 세관 신고를 할 때 휴대 물품 중에서도 특정 음식물, 씨앗, 농축산물 등의 반입을 까다롭게 검사하는 나라가 있으므로 신고 전에 미리 휴대품을 스스로 꼼꼼히 점검해야 합니다.

A: Do you have your customs declaration?

B: Here it is.

A: Do you have anything to declare other than what you've got here?

B: No, I don't. I've nothing to declare.

A: Will you open your bag? What's this?

B: That's red pepper paste. It's something to eat.

A: What do you have in this pack?

B: This is Korean food, Kimchi.

A: You are not allowed to bring this. You must declare all food items.

B: I put a check mark in food item. I don't have any restricted items.

A: Ok. Everything is cleared.

B: May I close my bag?

A: Yes, you may.

---

* customs declaration: 세관 신고서 (= bill of entry)
* other than: ~ 외에, ~와 다른
* red pepper paste: 고추장
* check mark: 확인 표시, 대조 표시, 확인 표시를 하다
* be cleared: (통관 절차 등이) 끝나다, 해결되다, 결제되다

A: 세관 신고서는 가지고 계십니까?

B: 여기 있습니다.

A: 여기 있는 것 말고 신고할 게 있나요?

B: 아니오. 신고할 게 없습니다.

A: 가방 좀 열어 주시겠어요? 이게 뭐죠?

B: 그건 고추장입니다. 먹을 거예요.

A: 이 팩에 뭐가 들어 있어요?

B: 이건 한국 음식인 김치입니다.

A: 이걸 가져오시면 안 됩니다. 모든 식품은 신고하셔야 해요.

B: 음식 반입 항목에 체크 표시를 했어요. 제한 품목은 없는데요.

A: 됐습니다. 다 끝났어요.

B: 가방 좀 닫아도 될까요?

A: 네, 그렇게 하세요.

Memo

수하물 찾기

    비행기를 타고 여행 목적지에 도착하면 체크인(Check-in)했던 수하물(Luggage)을 찾아야 하는데, 공항 내 전광판(Electronic sign)에서 해당 항공편명의 수하물을 찾는 곳(Baggage claim area)의 번호를 확인하고 그곳으로 가서 짐을 찾으면 됩니다. 가방에 자신의 이름표(Nametag)나 눈에 띄는 스티커를 미리 부착해놓으면 수하물을 쉽게 찾을 수 있습니다. 혹시 미리 준비하지 못했을 경우에는 탑승 수속 창구(Check-in counter)에서 색테이프(Streamer) 등을 구입하여 가방에 붙여놓으면 수하물 찾기가 더욱 쉽습니다.

    수하물 찾는 곳에 갔는데 불행하게도 그것을 찾지 못하는 상황이 발생할 경우에는 항공사, 항공기 번호 등을 확인하여 담당자에게 바로 설명하고 수하물 보관표(Baggage claim tag)를 보여준다면 수하물을 찾는 데 많은 도움이 됩니다. 또한 수하물이 분실되었을 때에는 공항 직원에게 가방의 종류나 색깔 등을 설명하고 자신의 여행 일정

표나 체류 장소를 알려주는 등 수하물을 찾는 노력을 기울여야 합니다. 특히 수하물이 무겁거나 휴대하고 이동하기 곤란한 경우에는 카트를 이용하거나 짐 운반인(Porter)을 찾아 도움을 요청하는 것도 편안한 여행에 도움이 됩니다.

예문 1

A: Where can I find baggage claim area?

B: You can get there by going down the escalator and following the signs.

(After a while)

A: My bag hasen't come out yet.

C: What does your bag look like?

A: My bag is black color trolley bag.

C: What flight did you arrive on?

A: I flew on Korea airlines. I have been waiting until now, but it hasen't come out yet.

C: Your baggage should be out by now. Please you need to report to the baggage agents in the claim office.

A: Where is the Baggage Claim Office?

C: Right there.

A: Thank you so much.

* **baggage claim area**: 수하물 찾는 장소 (= Luggage claim area)
* **trolley bag**: 바퀴 달린 가방 (= trolley suitcase)
* **fly on**: ~을 타고 오다
* **by now**: 지금쯤 (= by this time), 이미, 벌써
* **Baggage Claim Office**: 수하물 보관소 (= Lost and Found Office, Luggage Claim Office)

해석 1

A: 수하물 찾는 곳이 어디죠?

B: 에스컬레이터를 타고 내려가서 표지판을 따라가시면 됩니다.

　[잠시 후]

A: 제 가방이 아직 나오지 않았어요.

C: 가방이 어떻게 생겼지요?

A: 제 가방은 검은색 바퀴 달린 가방입니다.

C: 어느 비행기로 도착하셨죠?

A: 대한항공을 타고 왔습니다. 지금까지 기다렸는데 아직 안 나왔어요.

C: 당신의 가방은 벌써 나왔어야 합니다. 수하물 보관소 담당자에게 얘기해주세요.

A: 수하물 보관소는 어디에 있죠?

C: 바로 저기에 있습니다.

A: 감사합니다.

A: I have lost my baggage.

B: Do you have your baggage claim tag?

A: I have my baggage claim tag.

B: We will search for your baggage with the help of baggage tracing system.

A: Should I fill out baggage claim form?

B: Fill out this baggage claim form. You have to write item lists of what was in your bag.

(After a while)

A: How long will it take?

B: As soon as your baggage is found, we will deliver it to you in a secure manner.

A: Thank you. I expect to hear good news.

---

* baggage claim tag: 수하물표, 수하물 확인증 (= claim check), 수하물 꼬리표 (= baggage label)

* baggage claim form: 수하물 분실 신고서 (= lost and found report)

A: 짐을 잃어버렸어요.

B: 수하물표를 갖고 계시나요?

A: 수하물표를 갖고 있어요.

B: 수하물 추적 시스템을 이용하여 귀하의 수하물을 찾아볼게요.

A: 수하물 분실 신고서를 작성해야 하나요?

B: 이 수하물 분실 신고서를 작성하세요. 가방에 들어 있었던 물품 목록을 모두 작성하셔야 합니다.

[잠시 후]

A: 얼마나 걸릴까요?

B: 고객님의 수하물이 발견되는 대로 안전하게 배송해 드릴게요.

A: 감사합니다. 좋은 소식 기다릴게요.

호텔 체크인

호텔의 접수 데스크에 가서 숙소 입실 절차인 체크인(Check-in)을 할 때 보증금(Deposit)으로 현금을 지불하거나 신용카드 번호를 알려줘야 하는 경우가 있습니다. 보증금은 숙소 퇴실 절차인 체크아웃(Check-out)을 할 때 되돌려 받을 수 있는 예치금 성격의 금액을 말하며, 객실(Room)에 있는 미니바나 다른 유료 서비스를 이용한 경우라면 해당 금액을 차감하고 나머지 금액을 받습니다. 특히 호텔에 따라 서비스 정책이 다를 수 있으므로 체크인할 때 생수 등은 무료인지, 아침 식사는 몇 시에 나오는지 등을 미리 확인하는 것이 좋습니다.

A: I have a reservation under the name of Kildong Hong. I'd like a room with ocean view. Also I want one twin bedroom.

B: Could you fill out this registration card?

A: Do I have to fill out all the items?

B: Yes, you do.

A: Is breakfast included in the price?

B: Yes, it is.

A: What time does restaurant start serving breakfast?

B: It starts at 7 A.M.

A: What floor is the room on?

B: It is on 5th floor. Do you need a hotel porter?

A: I'll take my bags myself. Where is the elevator?

B: It is right there. Please have a good time.

A: Thanks a lot.

---

* have a reservation under the name of: ~란 이름으로 예약하다
* registration card: (숙박 등을 위한) 등록 카드, 등록 증서
* fill out: ~을 기입하다, 작성하다, 채우다
* start ~ing: ~하는 것을 시작하다
* hotel porter: 호텔 짐꾼, 운반인

A: 홍길동이라는 이름으로 예약했습니다. 바다가 보이는 방으로 주세요.
　 또한 트윈 룸을 원합니다.

B: 이 등록 카드를 작성해주시겠어요?

A: 모든 항목을 작성해야 하나요?

B: 네, 그렇습니다.

A: 아침 식사는 가격에 포함되어 있나요?

B: 네, 그렇습니다.

A: 식당은 몇 시부터 아침 식사를 제공하나요?

B: 아침 7시에 시작해요.

A: 방이 몇 층이에요?

B: 5층에 있어요. 호텔 짐꾼이 필요하신가요?

A: 가방은 제가 가져갈게요. 엘리베이터는 어디에 있습니까?

B: 바로 저기 있어요. 좋은 시간 보내세요.

A: 정말 고마워요.

A: I am afraid I am running late. My plane was delayed.
   Can I delay my reservation time?

B: What time shall we expect you, sir?

A: I'll be there within two hours.

B: Okay. I'll be waiting for you.

* run late: (예정 시간보다) 늦게 도착하다, 늦어지다 (= be late)

해석 2

A: 죄송하지만 늦어질 것 같아요. 비행기가 연착됐어요. 예약 시간을 늦
   출 수 있나요?

B: 언제쯤 오실 것 같아요?

A: 두 시간 안에 도착할 것 같네요.

B: 알았어요. 기다릴게요.

A: I don't have a reservation. Do you have any rooms available?

B: We have 5 standard, 3 suite rooms available.

A: How much do you charge per night?

B: $200 for a standard and $500 for a suite room per night.

A: I'd like a quiet standard room facing the beach.

B: Okay. Here's room key.

해석 3

A: 예약을 안 했어요. 이용 가능한 객실이 있나요?

B: 스탠다드 룸 5개, 스위트 룸 3개가 있어요.

A: 하룻밤에 방값이 얼마예요?

B: 스탠다드는 200달러, 스위트 룸은 500달러입니다.

A: 해변을 바라보는 조용한 스탠다드 룸을 주세요.

B: 예. 여기 방 열쇠 있어요.

예문 4

A: Can you give me a wake-up call tomorrow?

B: Certainly. What time would you like us to call you?

A: I need a wake-up call at 7.

B: No proplem. We'll call you tomorrow morning at 7.

B: What time does breakfast finish?

A: It finishes at 9. Will there be anything else?

B: No, thank you.

A: Please give us a call if there's anything more we can help you with.

B: Okay.

* wake-up call: (호텔 등에서의) 모닝콜, 지정 시간 호출, 연락

해석 4

A: 내일 모닝콜 좀 해주실 수 있나요?

B: 그럼요. 몇 시에 전화드릴까요?

A: 7시에 모닝콜이 필요해요.

B: 알겠어요. 내일 아침 7시에 전화드릴게요.

B: 아침 식사는 몇 시에 끝나요?

A: 9시에 끝나요.

A: 다른 건 없을까요?

B: 아니요, 고마워요.

A: 도움이 필요한 사항이 있으면 전화 주세요.

B: 네.

호텔 체크아웃

여행 목적지의 숙박 형태에 따라 숙소 이용 정보는 조금씩 차이를 보이므로 해당 숙소의 서비스 정보를 미리 알아두면 편안한 휴식을 가질 수 있습니다. 또한 숙소 주변의 음식점이나 관광지 정보, WiFi 정보 등이 필요할 경우 안내원에게 부탁하면 관광 지도, 안내서(Brochure) 등을 무료로 얻을 수 있습니다.

객실 청소에 대한 팁(Tip)은 외출할 때 침대 옆에 1~2천 원 정도의 소액을 현지 화폐로 올려두는 것이 에티켓이며, 방 열쇠(Room key)는 데스크에 맡겨놓는 것이 안전합니다.

보통 12시 전후로 체크아웃(Check-out)해야 하며, 늦게 체크아웃하는 경우 추가 요금이 발생할 수 있으니 퇴실 시간을 준수하는 편이 좋습니다. 특히 체크아웃할 때 객실 내 미니바나 룸서비스, 유료 채널 이용 부분을 확인하고 데스크에서 정산해야 하며 남은 보증금이 있으면 돌려받는 것을 잊지 말아야 합니다.

예문 1

A: I'd like to check out. How much is the bill?

B: The total comes to $1,650 after tax.

A: I think there is a mistake on my bill.

B: Let me check it. I'm so sorry. I'm afraid that it seems to be charged for room service that you never ordered. The total comes to $1,600 after tax.

A: I'd like to pay the bill by this credit. What is the best way to get to the airport?

B: I recommend that you take shuttle bus from here to the airport.

A: What time does shuttle bus leave for the airport?

B: It leaves at 9:30 in the morning.

A: Thanks a lot.

---

* after tax: 세금을 포함하여, 세후, 세금을 낸 후 (↔ before tax)
* be charged for: ~이 청구되다, 부과되다
* pay the bill: 계산하다 (= pay), 결제하다
* The total comes to: 총액이 ~이 되다, 전부 해서 ~이 되다
* the best way to: ~하는 가장 좋은 방법, 최선의 방법

해석 1

A: 체크아웃하고 싶은데요. 얼마죠?

B: 세금을 제외하고 총 1,650달러입니다.

A: 계산서에 착오가 있는 것 같네요.

B: 확인해볼게요. 정말 미안해요. 죄송하지만 주문하지 않은 룸서비스가 청구되었네요. 세금을 포함하여 모두 1,600달러입니다.

A: 이 신용카드로 계산하고 싶은데요. 공항으로 가는 가장 좋은 방법이 있나요?

B: 여기서 공항까지 셔틀버스로 가는 것을 추천합니다.

A: 공항으로 가는 셔틀버스는 몇 시에 출발하나요?

B: 아침 9시 30분에 출발해요.

A: 고마워요.

예문 2

A: Good evening, Front Desk, Charles speaking. How can I help you?

B: Good evening, we're going to check out tomorrow at noon. Please have all the bills, including incidentals and others, ready by 11:50 a.m. tomorrow morning.

A: Will you be having lunch with us tomorrow?

B: Yes. We will pay for our lunch at that time.

A: I see, sir. Your bill will be ready at 11:50 a.m. Thank you for notifying us early.

B: Thank you. We'd like to clear all our accounts by noon tomorrow.

* incidental: 부수적인 (ex. incidentals, 부대 비용), 우연한, 부차적인, 이차적인, 수반되는
* clear account: (계산서, 청구서 등을) 결제 처리하다 (= make up an account), 대금을 정산하다

해석 2

A: 안녕하세요. 프런트 데스크, 찰스입니다. 무엇을 도와드릴까요?

B: 안녕하세요. 내일 정오에 체크아웃할 거예요. 내일 아침 11시 50분까지 부대비용 등을 포함한 모든 청구서를 준비해주세요.

A: 내일 점심 하실까요?

B: 예. 점심값은 그때 지불할게요.

A: 알겠습니다, 선생님. 귀하의 청구서를 오전 11시 50분에 준비해둘게요. 일찍 알려주셔서 감사합니다.

B: 고맙습니다. 내일 정오까지 모든 계산서를 결제할게요.

Memo

버스 이용

　교통이 다소 불편한 국가를 제외하면 어느 나라든지 시내버스는 정해진 일정대로 운행하고 있으므로 해당 인터넷 사이트를 검색하여 미리 버스 시간표를 확인해두면 편안한 여행을 할 수 있습니다. 일단 시내버스에 올라타면 목적지까지는 몇 정거장을 가야 하고 얼마나 걸리는지, 목적지에 도착하면 알려달라든지 등을 버스 기사에게 문의하면 친절한 안내를 받을 수 있습니다.

　다만 영국 등 유럽 일부 국가에서는 운전 중인 기사가 승객과 대화하는 것이 불법이므로 이런 경우에는 다른 승객에게 정중히 물어보면 원하는 정보를 얻을 수 있습니다.

A: Where are the shuttle pick-up points?

B: There is a bus stop right in front of that building.

A: How often is it running?

B: Buses run every 30 minutes.

A: How long is the wait?

B: Bus will be here shortly.

A: Thanks a lot.

B: You're welcome.

* shuttle pick-up point: 셔틀버스 타는 곳
* shortly: 곧 (= soon), 이내, 즉시, 머지않아 (= before long)

해석 1

A: 셔틀버스 탑승하는 곳이 어디죠?

B: 저 건물 앞에 바로 정류장이 있어요.

A: 얼마나 자주 오나요?

B: 30분마다 버스가 있네요.

A: 얼마나 기다려야 하죠?

B: 버스가 곧 올 거예요.

A: 감사합니다.

B: 천만에요.

A: Is there a bus that goes downtown?

B: You can take number 33.

A: How often is it running?

B: Buses run every 30 minutes.

A: How long is the wait?

B: Bus will be there shortly.

A: Thank you so much.

해석 2

A: 시내로 가는 버스가 있나요?

B: 33번을 타세요.

A: 얼마나 자주 운행되나요?

B: 버스는 30분 간격으로 운행됩니다.

A: 얼마나 기다려야 하나요?

B: 버스가 곧 올 거예요.

A: 정말 감사해요.

A: I'm not sure where to get off. Would you let me know where to get off?
B: You still have more to go. I'll let you know when we get there.
A: Thank you so much.
B: We've arrived. Please get off the bus.

해석 3

A: 어디서 내려야 할지 모르겠어요. 어디서 내리는지 알려주시겠어요?
B: 좀 더 가야 해요. 그곳에 도착하면 알려드릴게요.
A: 정말 감사합니다.
B: 도착했어요. 버스에서 내려주세요.

Memo

~~~~~~
~~~~~~
~~~~~~
~~~~~~
~~~~~~
~~~~~~
~~~~~~

지하철 이용

현지 도시에 따라서는 할인을 받을 수 있는 교통권(Ticket)이 있는지 미리 확인해보고 매표소에 가서 원하는 티켓(Daily, Weekly, Monthly Pass)을 구입할 때 할인 대상(Student, Elderly, Children)이 되는지 안내원에게 문의하는 것도 좋습니다.

또한 목적지까지 가장 쉽고 빠른 교통편이 무엇인지 안내 지도를 보거나 해당 웹사이트를 통해 미리 정보를 파악해놓으면 길에 뿌리는 교통비를 절감할 수 있습니다. 특히 현지 대도시에 따라서는 지하철을 타기 전에 복잡한 지하철 노선, 거리, 방향 등을 꼼꼼히 살펴본 후 원하는 목적지를 향해 떠나야만 보다 편안한 여행이 됩니다.

A: Is this subway going to the Manhattan?

B: No, it isn't. You have to transfer to the train once on the way.

A: What's the best way to get there.

B: The best way to go to the Manhattan is to take LIRR(Long Island Railroad) train. Also LIRR is the fastest ride to get there.

A: What station do I transfer at?

B: You need to transfer to LIRR at Jamaica Station.

A: How often does the train run?

B: It runs about every half hour.

A: Thanks for letting me know.

---

* once on the way: 도중에 한 번
* LIRR train: Long Island Railroad train의 약자로, 미국 뉴욕주 롱아일랜드 지역에서 운행되는 철도 노선
* transfer to: ~로 갈아타다, 바꿔타다
* run: (차, 배 등이) 다니다, 운행하다

해석 1

A: 이 지하철이 맨해튼까지 가나요?

B: 아닙니다. 도중에 한번 기차로 갈아타야 해요.

A: 그곳에 가는 가장 좋은 방법은 뭐죠?

B: LIRR 기차를 타세요. 또한 LIRR은 그곳에 가는 가장 빠른 방법입니다.

A: 어느 역에서 갈아타죠?

B: 자마이카역에서 LIRR 기차로 갈아타세요.

A: 기차는 얼마나 자주 다니죠?

B: 약 30분마다 있습니다.

A: 알려주셔서 감사합니다.

예문 2

A: What's the best way to get to the museum?

B: Take the subway 2 line and get off at the National museum stop.

A: Which exit shoud I take?

B: Exit 2 is the best.

A: How much will it cost?

B: It should be 2.5 dollars. You can buy a 10 dollar multipass ticket.

A: Do I get a discount for buying that ticket?

B: Yes, it's a 20% discount. It's the best deal.

A: Thanks a lot.

---

* multipass ticket: 다용도 티켓 (= multi-use ticket), 다목적 티켓 (= multi-purpose ticket), 멀티패스
* get a discount for: ~하는 데 할인받다 (= receive a discount)

A: 박물관으로 가는 가장 좋은 방법은 뭐예요?

B: 지하철 2호선을 타세요. 국립박물관역에서 하차하세요.

A: 몇 번 출구로 나가야 하나요?

B: 2번 출구가 가장 좋아요.

A: 비용이 얼마나 들까요?

B: 2.5달러 정도 돼요. 10달러짜리 다용도 티켓을 사실 수도 있어요.

A: 그 표를 사는 데 할인받을 수 있나요?

B: 네, 20% 할인이에요. 아주 좋은 가격이죠.

A: 정말 고마워요.

Memo

택시 이용

어느 공항에서나 시내(Downtown)로 나갈 때 가장 일반적인 교통 수단(Transportation)은 택시나 버스이며 공항 주변에는 눈에 띄게 승차장이 마련되어 있습니다. 택시나 버스 승차장을 안내하는 표지 판(Taxi Stand or Bus Stop)은 수하물 찾는 곳(Baggage claim area)의 바깥에 있으니 짐을 찾고 검색대를 완전히 빠져나가서 안내 표시가 있는 곳으로 따라 나가면 승차장을 바로 찾을 수 있습니다.

물론 공항 안이 너무 복잡해서 승차장 안내 표지판이 보이지 않을 경우에는 안내 데스크로 가서 안내원에게 문의하면 위치나 요금 정보를 바로 얻을 수 있습니다. 특히 현지에서 목적지까지의 거리나 방향을 사전에 알지 못하고 택시에 탔을 경우 생각보다 많은 요금이 나올 수 있으니 출발할 때 택시 기사에게 미터기를 다시 눌러달라고 반드시 요청하는 것이 좋습니다.

A: Where is the taxi stand?

B: It is right over there.

A: How much will it cost if I take a taxi from here to K hotel?

B: It seems to be about $10.

* taxi stand: 택시 승강장, 택시 정류장
* take a taxi: 택시를 타다
* seem to be: ~한 모양이다, ~인 것처럼 보이다

해석 1

A: 택시 승강장이 어디죠?

B: 바로 저기예요.

A: K 호텔까지 가는데 얼마죠?

B: 약 10달러 정도 되는 것 같아요.

A: This is the map. There is a mark on the map. Please take me there. How long will it take to get there?

B: It's about twenty minutes.

(After a while)

A: Are we almost there?

B: Here we are.

A: Let me get off here. How much is the fare?

B: It is $15.

A: That's more than I thought. Please bring down the price.

B: Okay. Just give me $12.

A: Thanks a lot.

B: Have a good day.

* How long will it take to ~ ?: ~하는 데 얼마나 걸리나요?
* more than one thought: 생각보다 많은, 생각 이상인
* bring down: ~을 줄이다(=reduce), 낮추다 (= lower)

해석 2

A: 여기 지도인데요. 지도에 표시되어 있는 곳으로 데려다주세요. 거기 가는 데 얼마나 걸리죠?

B: 약 20분 걸립니다.

[잠시 후]

A: 거의 다 왔나요?

B: 다 왔어요.

A: 여기서 내릴게요. 요금은 얼마죠?

B: 15달러예요.

A: 생각보다 많이 나왔네요. 조금 깎아주세요.

B: 알겠습니다. 12달러만 주세요.

A: 감사합니다.

B: 좋은 하루 보내세요.

예문 3

A: Could you hurry a little, please?

B: I'll do my best.

A: Are we almost there?

B: Here we are.

A: Let me get off here. How much is the fare?

B: It's $25.

A: You're overcharging me. Please lower the price.

B: Ok. Just give me $20.

A: Thanks a lot.

* get off: (버스, 기차, 택시 등에서) 내리다 (↔ get on), 퇴근하다, 출발하다, (특정 주제 등에서) 벗어나다
* overcharge: (고객 등에게) 과도한 요금을 청구하다, 바가지를 씌우다, (배터리 등을) 너무 많이 충전하다

A: 좀 서둘러 주시겠어요?

B: 최선을 다할게요.

A: 거의 다 왔나요?

B: 다 왔어요.

A: 여기서 내릴게요. 요금은 얼마인가요?

B: 25달러입니다.

A: 비용을 너무 많이 청구하네요. 가격을 낮춰주세요.

B: 알았어요. 20달러만 주세요.

A: 정말 고마워요.

기차 이용

유럽이나 미국에서 장거리 기차 여행을 할 때에는 침대차(Sleeper), 식당차(Dining Car), 음료바(Drinks Bar) 등의 시설이 갖추어져 있는지 미리 살펴보고 예약하면 보다 더 편안한 여행이 됩니다. 특히 개발도상국에서 기차 여행을 하는 경우에는 운행 시간이나 간격이 일정하지 않으므로 좀 더 시간 여유를 두고 기차 이용 계획을 세워야 하며 더불어 열차 시간표(Time Table)는 꼭 챙기는 것이 좋습니다.

유럽은 마치 한 국가처럼 기차를 이용하여 자유롭게 이동할 수 있으므로 가고 싶은 노선을 따라 차창 밖 경치를 구경하면서 여유롭고 즐거운 시간을 보낼 수 있습니다. 다만 기차를 환승해야 하는 경우에는 환승역(Transfer Station)의 이름을 반드시 확인해두고 안내 방송에 귀 기울이거나 전광판(Electric Sign)을 주시하는 등 열차를 놓치지 않도록 주의해야 합니다.

A: How can I use ticket machine?

B: Where will you be going?

A: I'd like to buy a ticket to Boston.

B: What time would you like?

A: I'd like to get one way ticket at 10 A.M.

B: Would you like first class or coach class?

A: I'd like coach class. Can I use this discount coupon
   for tourist?

B: Yes, you can. Here is the ticket.

A: Where is the plaform for Boston?

B: Go straight and go down by elevator.

A: Thank you for your helping me.

B: You're welcome. Have a pleasant day.

* ticket machine: 자동매표기, 자동발권기
* one way ticket: 편도표 (↔ round trip ticket)
* coach class: 일반석 (↔ first class), 보통석 (= economy class)

해석 1

A: 자동매표기는 어떻게 사용하나요?

B: 어디로 가실 건가요?

A: 보스턴행 표를 사고 싶어요.

B: 몇 시를 원하시죠?

A: 오전 10시 편도 티켓을 사고 싶어요.

B: 일등석으로 하시겠어요, 아니면 일반석으로 하시겠어요?

A: 일반석을 원합니다. 이 관광객용 할인 쿠폰을 사용할 수 있나요?

B: 사용할 수 있어요. 여기 티켓입니다.

A: 보스턴행 승강장은 어디입니까?

B: 직진해서 엘리베이터로 내려가세요.

A: 도와줘서 고마워요.

B: 천만에요. 즐거운 하루 되세요.

예문 2

A: I'd like a second-class ticket to Zurich. Is there an express?

B: Yes. One-way or round trip?

A: One-way, please.

B: Here it is.

해석 2

A: 취리히행 이등석 기차표를 사려고요. 급행도 있나요?

B: 네, 있어요. 편도로 하실까요, 왕복으로 하실까요?

A: 편도로 주세요.

B: 여기 있어요.

Memo

렌터카 이용

해외여행을 할 때 차를 운전하려고 계획을 했다면 온라인으로 회사 홈페이지에서 예약하고 가는 것이 편리하며, 특히 온라인 예약을 하면 렌터카(Rental car)의 계약 사항을 꼼꼼히 챙길 수 있습니다. 사전에 예약을 하지 못했다면 공항이나 시내에 있는 렌터카 회사(Car rental company)에서 자동차를 빌리면 되지만 가끔 원하는 차량을 구하기가 어려울 수 있습니다.

대부분의 국가에서는 국제 운전면허증과 국내 발행 운전면허증을 다 요구하기 때문에 두 가지 면허증을 반드시 준비해놓아야 차량 운전에 불편함이 없을 것입니다. 그뿐만 아니라 국가마다 자동차 보험의 종류와 사고 발생 시 치료비, 수리비 등의 책임 범위가 다르기 때문에 사전에 여행지의 렌터카 책임 보험 상품의 특징을 파악해놓으면 현지에서 원하는 보험을 가입할 때 많은 도움이 될 것입니다.

A: I'd like to rent a car.

B: What kind of car would you like?

A: What sizes do you have?

B: We have compact, medium, full, SUV.

A: I want a midsize automatic sedan.

B: How long will you be renting the car?

A: I need it for 5 days. How much is the rate per day?

B: It's $100 per day.

A: What does the rental price include?

B: It includes limited mileage and tax.

A: Do I use regular gasoline?

B: Yes, you do.

A: Does the price include insurance?

B: No, it doesn't. Would you like to have car insurance?

A: I'd like to have full coverage. How much altogether?

B: The total will be $600.

A: I need a GPS navigation.

B: Of course, it is in the car.

A: How do I return the car?

B: You need to return it to the same place you picked up the car.

A: Should I fill it up before returning?

B: The gas tank is full now. You should fill it up before

you return the car. And bring this invoice with you when you return the car.

A: Ok. I'll do that.

B: Have a pleasant trip.

---

* compact, medium, full, SUV: 소형, 중형, 대형, SUV (Sport Utility Vehicle, 4륜 구동 차량)
* sedan: 4개 문을 가진 일반 승용차
* mileage: (자동차 등의) 주행 거리 (= milage), 연료 소비율
* regular gasoline: 일반 휘발유, 보통 휘발유
* full coverage: 종합보험 (↔ liability insurance, 책임보험)
* fill up: ~을 채우다, 충전하다, 메우다
* invoice: 청구서, 계산서 (= bill)

해석 1

A: 차를 빌리고 싶어요.

B: 어떤 종류의 차를 원하세요?

A: 어느 사이즈가 있나요?

B: 소형, 중형, 대형, SUV가 있어요.

A: 저는 오토 중형을 원해요.

B: 그 차를 얼마나 빌릴 거예요?

A: 5일 동안요. 요금은 하루에 얼마죠?

B: 하루에 100달러입니다.

A: 대여료에 무엇이 포함되죠?

B: 제한된 거리와 세금이 포함되어 있어요.

A: 보통 휘발유를 사용하나요?

B: 네, 그렇습니다.

A: 보험료가 포함된 가격인가요?

B: 아니, 그렇지 않아요. 자동차 보험을 드시겠습니까?

A: 종합보험을 들겠습니다. 모두 합쳐서 얼마입니까?

B: 총 600달러입니다.

A: GPS 내비게이션이 필요해요.

B: 물론, 그건 차 안에 있어요.

A: 어떻게 차를 돌려주죠?

B: 차를 가져간 같은 장소에 반납하셔야 해요.

A: 반납하기 전에 연료를 가득 채워야 하나요?

B: 지금 연료는 가득 차 있어요. 차를 돌려주기 전에 연료를 가득 채워야
   해요. 그리고 차를 반납할 때 이 계산서를 가지고 가세요.

A: 알았어요. 그렇게 할게요.

B: 즐거운 여행 되세요.

A: How can I help you?

B: I'd like to rent a car.

A: What kind of car would you like to rent?

B: A car with good gas mileage, if possible.

A: How about mid-size four-door sedan?

B: That looks good.

A: How long will you need the car?

B: For 3 days.

A: The total will be $500 including $50 insurance. It'll cover any damages to the car.

B: Okay. I'll do that.

A: Our staff will bring the car and give you the key.

---

* insurance: 보험료, 보험 (ex. take out insurance, 보험에 가입하다), 보험업, 보험금 (ex. insurance claim, 보험금 청구)
* damage: (재산, 신체 등의) 피해, 손상 (ex. damages, 손해 배상금), (재산, 신체 등에) 손상을 입히다 (ex. cause damage, 피해를 주다)

해석 2

A: 어떻게 도와드릴까요?

B: 차를 빌리고 싶은데요.

A: 어떤 종류의 차를 빌리고 싶나요?

B: 가능하면 연비가 좋은 차요.

A: 중형 4도어 세단은 어때요?

B: 그거 좋아 보이네요.

A: 차는 얼마 동안 필요하세요?

B: 3일 동안요.

A: 총액은 50달러 보험을 포함해 500달러입니다. 차량에 대한 모든 손상
을 보장해드리고 있어요.

B: 알았어요. 그렇게 할게요.

A: 저희 직원이 차를 가져와서 열쇠를 드릴 거예요.

Memo

자가 운전

　낯선 도로에서 아무리 정신을 차려 운전을 할지라도 가끔은 교통 경찰(Traffic police)에 걸려 위반 통지서를 받는 아찔한 상황이 발생하곤 합니다. 경찰에게 딱지(Traffic ticket)를 떼일 상황에 놓이면 외국인 관광객이기에 조금 실수를 했다면서 잘못을 인정하고 정중하게 양해를 구하면 가벼운 경고에 그칠 수도 있습니다.

　또한 쇼핑 거리 등에서 무료인 줄 알고 주차했다가 주차 요금을 내라는 딱지를 받을 수도 있기 때문에 유료 주차장 표시 여부를 잘 확인하고 주차해야 합니다. 특히 해외여행지에서 주차 위반, 교통 신호 위반, 과속 등의 벌금 통지서(Penalty notice)를 받으면 안 내도 된다고 생각하는 경우가 많으나 해외여행을 계속 다닐 계획이라면 정해진 기한에 벌금을 납부하는 것이 자신의 신용 유지에 도움이 될 것입니다.

A: Is there a problem, officer?

B: You violated the stop sign.

A: I apologize, but I didn't realize that.

B: Please give me your identification.

A: I am a foreign tourist. Could you let me go with warning?

B: You should pay closer attention to traffic signal.

A: Thanks for being so understanding.

---

* stop sign: (도로 등의) 일시 정지 표시, 멈춤 표시
* identification: (여권, 운전면허증 등의) 신분증명서
* let one go: ~을 내보내다, 풀어주다, 놓아주다
* with warning: 경고만으로, 훈계만으로
* pay attention to: ~에 주의하다, 유의하다, 주목하다
* traffic signal: 교통신호 (= traffic light)

해석 1

A: 무슨 문제 있나요, 경관님?

B: 정지 신호를 위반했어요.

A: 미안하지만, 알지 못했어요.

B: 신분증 좀 보여 주세요.

A: 저는 외국인 관광객입니다. 경고만 하고 보내주시면 안 될까요?

B: 교통신호에 더 주의를 기울여주세요.

A: 이해해주셔서 감사합니다.

A: Hello, you hit my car. My car bumper is scratched and dented. I'll call 911.

B: I'm sorry. That was my fault.

A: Please give me your identification and phone number.

B: I'll take care of it. Trust me. I have insurance to cover it.

* call 911: 911(앰뷸런스와 경찰)을 부르다
* take care of: ~을 처리하다 (= deal with, handle)
* cover: (손실, 비용 등을) 메우다, 부담하다

해석 2

A: 이봐요, 당신이 내 차를 들이받아서 차 범퍼가 긁히고 찌그러졌네요. 911을 부르겠습니다.

B: 미안해요. 그건 제 잘못입니다.

A: 신분증과 전화번호를 주세요.

B: 제가 처리해드릴게요. 절 믿으세요. 비용 처리할 보험에 들었어요.

예문 3

A: My car won't start. I think battery is weak.

B: Unfortunately, the battery needs to be replaced.

A: Could you give me its replacement cost?

B: The total comes to $150.

A: Let me know when you are done.

B: I'll take care of it as soon as possible.

---

* replacement: (부품 등의) 교체 (ex. replacement cost, 교체 비용), 대용품, 후임
  자, 대체할 사람
* The total comes to: 총액은 ~이다, 합계가 ~이다, 전부 해서 ~이다

해석 3

A: 차 시동이 안 걸려요. 배터리가 약한 것 같아요.

B: 안타깝게도 배터리를 교체해야 해요.

A: 교체 비용을 알려주실 수 있나요?

B: 총액은 150달러예요.

A: 끝나면 알려주세요.

B: 최대한 빨리 처리해드릴게요.

※ 교통 표지판 용어

① Construction zone: 공사 구간

② Cross walk: 횡단보도 (= Pedestrians' crossing)

③ Lanes merge ahead: 전방에서 차선 합쳐짐

④ Low clearance: 높이 제한

⑤ No left turn: 좌회전 금지

⑥ No parking: 주차 금지

⑦ No passing: 추월 금지

⑧ No thoroughfare: 통행 금지 (= Road closed)

⑨ No U-turn: 회전 금지

⑩ Parking area: 주차장

⑪ Railroad crossing: 철도 건널목

⑫ Right turn only: 우회전만 가능

⑬ School zone: 학교 지역

⑭ Sharp turn ahead: 전방 급커브

⑮ Slow down: 속도 줄임, 서행 (= go slow)

⑯ Sound horn: 경적 울림

⑰ Speed hump: 과속 방지턱

⑱ Speed limit: 속도 제한

⑲ Steep slope: 급경사

⑳ Stop: 멈춤

㉑ Stop line: 정지선

㉒ Watch out for animals crossing: 횡단 야생동물 주의

관광 안내소에서

관광(Sightseeing)은 다른 지방이나 다른 나라에 가서 그곳의 풍경, 풍습, 문물 따위를 구경하는 것을 말합니다. 물론 관광 여행은 어느 지역을 방문하여 일정에 맞게 주변을 둘러본다는 개념이 강하기 때문에 명승고적 등을 깊이 들여다보는 탐방 목적의 여행과는 다른 의미입니다.

따라서 사전 조사 없이 여행지에 도착했다면 가장 먼저 할 일은 관광 안내소를 찾아 비치되어 있는 무료 지도와 주변 관광지 안내서(Brochure)를 얻는 것입니다. 뿐만 아니라 안내소 직원과의 대화를 통해 유용한 관광 정보를 알아낼 필요가 있습니다. 특히 현지인과의 소통이 어려운 입장에 처해 있어 원하는 질문을 할 수 없는 경우에는 "Do you have brochures in Korean?(한국어로 된 안내서가 있어요?)" 등의 질문용 문장들을 준비해 간다면 정말 편안한 관광이 될 것입니다.

예문 1

A: This is the tourist information center. What can I do for you?

B: May I have free map or brochure?

A: Here they are.

B: Could you recommend any tourist attractions?

A: I recommend you Times Square, Statue of Liberty, Natural History Museum, etc.

B: What is the best way to get a cheap ticket?

A: You can get a cheap ticket online. I want you to check New York tour web site through internet.

B: Do I need to take any special precautions in this city?

A: You need to abstain from drinking any water that isn't bottled.

B: Thank you very much for giving me important tourist information.

---

* tourist information center: 관광 안내소 (= tourist office), 관광 정보 센터
* tourist attractions: 관광 명소 (= tourism hotspots), 즐길거리가 많은 곳
* etc: ~ 등등, ~ 따위 (= et cetera), etc 앞에 ","를 사용
* take any special precautions: 특별한 예방책을 취하다, 특별한 주의를 하다 (= take any special cares)
* abstain from: ~을 삼가다 (= refrain from),

A: 여기는 관광 안내소입니다. 뭘 도와드릴까요?

B: 무료 지도나 브로슈어를 받을 수 있을까요?

A: 여기 있습니다.

B: 추천할 만한 관광 명소가 있나요?

A: 타임스퀘어, 자유의 여신상, 자연사 박물관 등을 추천합니다.

B: 저렴한 티켓을 구하는 가장 좋은 방법은 뭐죠?

A: 온라인에서 저렴한 티켓을 구할 수 있어요. 인터넷으로 뉴욕 관광 웹 사이트에서 살펴보시길 바랍니다.

B: 이 도시에서 특별히 조심해야 할 것이 있나요?

A: 병에 들어 있지 않은 물은 마시지 마세요.

B: 중요한 관광 정보를 알려주셔서 정말 고마워요.

예문 2

A: Good morning. Can I help you?

B: Good morning. Do you have a map of the city center?

A: Yes, here you are.

B: I'd like to go to the history museum this morning. Is it far from here?

A: No, it's only about 5 minutes' walk. It's clearly on the map.

B: Do you know the admission fee for the museum?

A: It's $10 for adults. For any further information, you may as well pick up free brochures over there.

* admission fee: 입장료 (= admission price), 입장 요금 (= admission charge)
* may as well: ~하는 편이 더 낫다, ~하는 게 좋겠다 (= had better)

해석 2

A: 안녕하세요. 무엇을 도와드릴까요?

B: 좋은 아침이에요. 시내 중심부의 지도 있어요?

A: 네, 여기 있어요.

B: 오늘 아침에 역사 박물관에 가고 싶은데요. 여기서 먼가요?

A: 아니요, 걸어서 대략 5분밖에 안 걸려요. 지도에 분명히 나와 있어요.

B: 박물관 입장료는 얼마인지 아시나요?

A: 성인은 10달러예요. 정보가 더 필요하시면 거기 있는 무료 책자를 가져가셔도 돼요.

시내 관광

　대부분의 여행자들은 해외여행을 할 때 시내 관광 명소(tourist attractions)를 즐기는 경험을 합니다. 주로 호텔 숙소 주변의 공원을 둘러보기도 하고 맛집에 들러 음식을 즐기며, 공연장 등에 참가해 문화를 감상하기도 합니다. 하지만 여러 날에 걸쳐 철저한 여행 준비와 점검을 하고 집을 떠난 후에도 부족함은 항상 남게 마련입니다.

　시내 여행을 할 때 여권, 물, 간식, 주변 지도 등을 빠뜨리지 않고 휴대하고 다녀야 안전한 여행, 즐거운 여행을 할 수 있습니다. 특히 물의 경우에는 호텔이나 편의점 등에서 구입하여 사용하는 것이 안전하며, 여권의 경우에도 그 사본을 휴대폰 등에 저장해놓는다면 분실 위험에 대비할 수 있습니다.

　길을 잃었을 때에는 주변 지도 등을 활용하여 자신이 어디에 있고 어디에 가려 하는지를 현지인들에게 질문하면 원하는 답을 쉽게 얻을 수 있습니다.

A: Where do you recommend me to go around here?

B: There are Central park, Museum, and Department store to look around.

A: In fact, I'd like to see a dinner show. Is there a performance place around here?

B: Go down this street for 2 blocks and turn right at the next intersection. You can find it right there.

(After a while)

A: How much is the admission fee?

C: It's 20 Dollars per person.

A: Is there any discount?

C: I'm sorry, but there's no discount for adults.

A: Okay, I'd like to get a ticket to start soon.

C: Which seat do you want?

A: Get me the middle row seat.

C: Here it is. I hope you have a pleasant time.

A: Thank you.

---

* recommend: ~을 추천하다 (= suggest), 권장하다 (= encourage), 권하다
* go around: (장소 등을) 잠깐 들르다, 방문하다, 돌아다니다
* look around: (장소 등을) 둘러보다, 여기저기 알아보다
* performance place: 공연 장소, 공연장 (= concert hall)
* admission fee: 입장료 (= entrance fee), 관람료. 입회금, 입학금

A: 이 근처 돌아다닐 만한 곳 좀 추천해주실래요?

B: 주변에 센트럴 파크, 박물관, 백화점이 있어요.

A: 사실은 디너쇼를 보고 싶은데, 이 근처에 공연장이 있나요?

B: 이 길을 따라 두 블록 정도 가다가 다음 교차로에서 우회전하세요. 바로 찾을 수 있을 거예요.

[잠시 후]

A: 입장료는 얼마죠?

C: 1인당 20달러예요.

A: 할인이 있나요?

C: 죄송하지만 성인 할인은 없습니다.

A: 알겠습니다. 곧 시작할 표를 구하고 싶군요.

C: 어느 자리를 원하세요?

A: 가운데 줄 좌석으로 주세요.

C: 여기 있어요. 즐거운 시간 되시기 바랍니다.

A: 감사합니다.

예문 2

A: Please tell me the way to Central Park.

B: Sure. Go straight for five more blocks.

A: How long does it take by taxi?

B: It takes about 7 minutes.

A: Then how long does it take on foot?

B: About 40 minutes.

해석 2

A: 센트럴 파크로 가는 길을 알려주세요.

B: 네. 다섯 블록 더 직진하시면 돼요.

A: 택시로 얼마나 걸리나요?

B: 약 7분 정도 걸려요.

A: 그럼 걸어서는 얼마나 걸리나요?

B: 약 40분 정도입니다.

사진 촬영

여행지에서 아름답고 경이로운 경치를 보면 사진을 찍거나 동영상을 만드느라 손놀림이 바쁩니다. 멋진 장관을 배경으로 스스로 자신을 사진에 담아내기에는 어려움이 따르므로 외국인에게 사진을 찍어달라고 부탁할 수밖에 없습니다.

따라서 사진 촬영(Taking pictures)을 외국인에게 부탁할 때에는 정중하고 간단한 영어 표현을 사용하여 요청하면 원하는 사진이 잘 나올 것입니다. 다만 박물관, 전시관, 미술관 등의 중요 구역에서는 '사진 촬영을 금지(No Photographs or No Camera)'한다는 경고 표지판(Warning sign)이 있으니 이를 반드시 준수할 필요가 있겠습니다.

A: Would you please take a picture for us?

B: Sure. Please move back one step. Say, Cheese. This camera is not working. Do you know how to work this?

A: Just press this part.

B: Ok. Let me take one more.

A: I hope photos come out good. Thanks a lot.

---

* take a picture for: ~을 위해 사진을 찍다 (= take a photo for)
* move back: 뒤로 물러서다 (= go back)
* work: (기계, 장치 등이) 작동하다, (기계, 장치 등을) 작동시키다
* come out good: (사진 등이) 잘 나오다 (= come out well)

해석 1

A: 우리들 사진 좀 찍어 주시겠어요?

B: 물론이죠. 한 발 뒤로 물러서주세요. '치즈' 하세요. 카메라가 작동하지 않네요. 어떻게 작동시키죠?

A: 이 부분만 누르면 돼요.

B: 한 장 더 찍을게요.

A: 사진이 잘 나왔으면 좀겠네요. 정말 감사해요.

A: Landscape is wonderful! Will you take my picture in front of this place, please?

B: Move a little to the right, please.

A: Take it horizontally, please.

B: Say, Cheese. Let me take one more.

A: Thank you so much.

* take one's picture: ~의 사진을 찍다 (= take a picture of)
* horizontally: 가로로 (↔ vertically), 수평으로, 평평하게, 지평으로

해석 2

A: 풍경이 정말 멋지네요! 이곳 앞에서 제 사진을 찍어주시겠어요?

B: 오른쪽으로 조금만 비켜주세요.

A: 가로로 찍어주세요.

B: '치즈' 하세요. 한 번 더 찍을게요.

A: 정말 고마워요.

Memo

길 묻기

    일행과 함께라도 밤에 낯선 시내를 여행할 때나 홀로 어두운 거리를 거닐다가 목적지의 방향을 잃을 때가 생기곤 하는데, 모른다 싶으면 망설이지 말고 근처에 있는 외국인에게 물어보면 정말 안심이 됩니다. 그로부터 설명을 들은 후에는 가고자 하는 방향을 정확히 이해했는지 반복해서 확인하는 것도 좋은 습관이므로 기본적인 방향 표현 정도는 익혀두는 것이 좋습니다.

    예를 들어 Right(오른쪽), Left(왼쪽), Straight(직진), Down(~아래로), Up(~위로), Next to(~의 옆에), Close to(~의 근처에), Behind(~의 뒤에), Through(~을 거쳐), Corner(모퉁이) 등의 방향 표현을 사전에 익혀놓으면 현지인과의 의사소통에 별다른 불편함이 없을 것입니다.

A: Hello, I'd like to get some help. Could you direct me
to the nearest convenience store?

B: You have to walk a little bit. Go down the street for
2 blocks and turn left at the next intersection. You
can find it right there.

A: Thanks a lot.

---

* direct: ~에게 길을 가르쳐주다
* convenience store: 편의점, 일용잡화 식료품 가게
* walk a little bit: 조금 걷다, 약간 걷다
* go down the street: 길을 따라가다 (= go down the road)
* at the next intersection: 다음 교차로에서

해석 1

A: 여보세요, 도움 좀 받고 싶은데요. 가장 가까운 편의점 좀 가르쳐주실
래요?

B: 조금 걸으셔야 해요. 길을 따라 두 블록 가다가 다음 교차로에서 왼쪽
으로 가시면 바로 거기에 있어요.

A: 감사합니다.

A: Excuse me. I seem to be lost. Do you know how to get to K hotel from here?

B: Cross the road and go 2 blocks east.

A: Which direction is east?

B: It's on the left across this road.

A: Thanks a lot.

* be lost: 길을 잃다 (= get lost), 행방불명이 되다
* on the left: 왼쪽에 (↔ on the right)
* across this road: 이 길 건너서

해석 2

A: 실례합니다. 길을 잃은 것 같아요. 여기서 K 호텔까지 어떻게 가는지 아세요?

B: 길을 건너 동쪽으로 두 블록 가세요.

A: 어느 방향이 동쪽입니까?

B: 이 길 건너 왼쪽입니다.

A: 정말 고마워요.

A: Excuse me. Could you tell me the way to the City Bank?

B: You have to turn left at the next intersection.

A: Is it too far to walk there?

B: Yes, you'll have to take a bus.

A: Can you show me where it is on the map?

B: Sure, it's right here.

해석 3

A: 실례합니다. 시티은행으로 가는 길을 알려주시겠어요?

B: 다음 사거리에서 좌회전하세요.

A: 거기까지 걸어가기에는 너무 먼가요?

B: 네, 버스를 타셔야 할 거예요.

A: 이 지도에서 거기가 어디인지 보여주실 수 있나요?

B: 네, 바로 여기예요.

23

광장에서

　여행은 항상 우리에게 새로운 경험(Experience)과 추억(Memory)을 안겨주는 특별한 시간입니다. 특히 여행지의 날씨(Weather)는 그 지역의 자연과 문화를 깊이 이해하는 데 도움을 줄 뿐만 아니라 여행의 즐거움과 독특함(Particularity)을 맛보게 합니다. 예를 들어 이탈리아, 그리스 등 지중해(the Mediterranean sea) 나라의 따뜻한 햇살은 오래된 석조 건물들을 환상적으로 비추며, 덴마크, 스웨덴, 노르웨이 등 북유럽의 눈과 서리(Frost)는 화려한 겨울 풍경을 만들어낸다고 합니다.

　또한 현지인들과 광장이나 레스토랑 주변에서 비 내리는 날씨나 추위 얘기를 나누면서 그들의 문화나 생활에 대한 이해를 높이고 새로운 인연(Connection)을 만들어내기도 합니다. 따라서 날씨는 여행하는 기간의 활동에 영향을 크게 미치는 편이어서 흐린 날인지 맑은 날인지, 날씨 변동이 심한 날인지에 따라 여행 일정(Travel itinerary)을 알맞게 조절하면 뜻밖의 경험과 감동을 맛볼 수 있습니다.

예문 1

A: What a gorgeous day!

B: I feel the same way. It's a really beautiful day.

* **gorgeous**: 찬란한, 눈부신 (= brilliant), 호화로운, 아름다운 (= beautiful), 매력적인, 환상적인
* **I feel the same way**: 동감입니다 (= You said it, Just as you say, I think so)

해석 1

A: 정말 멋진 날이네요!

B: 동감이네요. 정말 아름다운 날이에요.

예문 2

A: It's raining cats and dogs out there.

B: I hope it clears up before you have to go out.

* **rain cats and dogs**: 비가 억수같이 내리다 (= pour down, rain in torrents)
* **clear up**: (날씨, 비 등이) 개다, (쟁점 등을) 명확히 하다, 정리하다, (병, 증상 등이) 사라지다, (피부 등이) 깨끗해지다

해석 2

A: 비가 억수로 내리네요.

B: 외출할 때까지 비가 갰으면 좋겠네요.

A: It's freezing out there.

B: Winter is definitely making its presence known. Stay indoors if you can.

* freeze: 얼다, 동결하다, (식품 등을) 냉동 보관하다, 동결 (ex. pay freeze, 임금 동결)
* presence: 존재 (↔ absence), 존재감, 실재, 현존 (= existence), 출석, 주둔

해석 3

A: 날씨가 정말 춥네요.

B: 겨울이 분명히 자신의 존재를 알리네요. 될 수 있으면 안에 머무르세요.

A: Do you think it will clear up tomorrow?

B: It's going to be clear and sunny.

A: I hope so.

해석 4

A: 내일 날씨가 맑아질까요?

B: 내일은 맑고 화창해질 거예요.

A: 그렇길 바랄게요.

예문 5

A: It's very cold and windy outside.

B: You should wear your jacket.

A: When is it going to be warm?

B: This weather will not be long.

해석 5

A: 밖은 매우 춥고 바람이 많이 불어요.

B: 재킷을 입으세요.

A: 언제 따뜻해질까요?

B: 이런 날씨가 오래 가지는 않을 거예요.

Memo

쇼핑가에서

　해외에서 쇼핑할 수 있는 물건이 옷이나 신발만 있는 것이 아니라 디자인이 특이하거나 귀하다고 생각되는 상품이 눈에 띄면 사고 싶은 욕구가 생기기도 합니다. 따라서 해외여행을 할 때 현지 쇼핑의 거리를 알아두는 것도 여행의 재미를 더해줍니다. 국내에서는 보기 드문 품목이나 브랜드를 찾아보는 즐거움뿐만 아니라 사고 싶은 상품이 좀 비싸더라도 가게 주인에게 현지 언어를 사용하여 가격을 깎아달라고 요청하는 것도 재미를 더해주기 때문입니다.

　특히 해외에서 물건을 산 경우 제품에 문제가 있어 교환을 요청할 경우에는 문제점을 제대로 설명할 수 있으면 좋겠지만 적어도 사전에 환불이나 교환 정책이 어떤지를 알아놓을 필요가 있습니다.

A: What are you looking for?

B: I'd like to look around by myself.

A: Let me know when you need something.

   (After a while)

B: Can you help me pick out a gift?

A: Would you like to take a look at these perfumes?

B: Show me one, please. Are these on sale?

A: These are not on sale at the moment.

B: This is too expensive for me.

A: This is of very high quality.

B: Could you lower the price a little?

A: I'll give you 10 percent off.

B: I'll get this. Could you gift-wrap it?

A: Yes, I could. How would you like to pay for it?

B: I will be paying with cash.

---

* look around: ~을 둘러보다 (= browse), 구경하다
* pick out: 선택하다 (= choose), 가려내다
* take a look at: ~을 한번 보다, 관찰하다
* on sale: 할인 판매 중인, 세일 중인, 판매되는
* at the moment: 지금 (= now), 현재 (= at present)
* of very high quality: 매우 품질이 좋은 (= of great quality)
* lower: (가격 등을) 낮추다 (= come down), 내리다
* off: (가격 등을) 할인하여, 깎아서, (합계 등에서) 빼서
* gift-wrap: ~을 선물용으로 포장하다

A: 무엇을 찾고 있나요?

B: 혼자서 둘러보고 싶어요.

A: 필요한 것이 있으면 알려주세요.

　　[잠시 후]

B: 선물 고르는데 도와주실래요?

A: 이 향수들 좀 보실래요?

B: 하나 보여주세요. 이것들 세일하나요?

A: 지금은 세일이 아닌데요.

B: 너무 비싸군요.

A: 품질이 아주 좋습니다.

B: 가격을 좀 낮춰줄 수 있나요?

A: 10% 할인해드리겠습니다.

B: 살게요. 선물용으로 포장해주세요.

A: 알겠습니다. 어떻게 지불하시겠어요?

B: 현금으로 지불할게요.

가판대에서

기념품(Souvenir)의 사전적 의미는 '기념으로 주거나 사는 물품'을 말합니다. 어떤 여행이든 그것의 완성은 기념품이라고 합니다.

물론 여행 준비할 때 사야 할 기념품을 정하고 대부분 현지에서 구입하는 경우가 많습니다만 기념품 없이 그냥 돌아오면 여행 만족도는 약간 감소될 수 있습니다. 예를 들어 프랑스에 가면 에펠탑 로고가 새겨진 머크, 독일에서는 쌍둥이 칼, 일본에서는 동전 파스, 이탈리아에서는 치약, 벨기에에서는 초콜릿, 영국에서는 러쉬 화장품 등을 많이 구매한다고 합니다.

특히 해외 현지에서 기념품을 구입할 때에는 용도, 색깔, 사이즈, 품질 수준, 가격 등을 고려하여 가게 점원과 정중한 대화를 한다면 보다 만족스러운 쇼핑이 될 것입니다.

A: Can you help me figure out the best place to buy a little souvenir?

B: Let's look at the souvenirs at the street stand.

A: I am looking for something unique. Things seem to be expensive at this stand.

B: Let's walk some more and see what the prices are like there.

A: What do you think of this stuff?

B: It seems to be a good present.

---

* figure out: (해답, 원인 등을) 찾아내다 (= work out), (문제 등을) 해결하다
* street stand: 거리 가판대, 노점
* souvenir: 기념품 (= memento), 선물
* stuff: 물건 (= thing, item, article), 물자, 재료

해석 1

A: 작은 기념품을 사려고 하는데 어디가 가장 좋은지 안내해주실래요?

B: 거리 가판대에서 기념품을 보도록 하죠.

A: 뭔가 독특한 것을 찾고 있어요. 이 가판대 기념품은 좀 비싼 것 같군요.

B: 좀 더 걸어가서 거기 가격은 어떤지 봐요.

A: 이 물건에 대해 어떻게 생각해요?

B: 좋은 선물인 것 같네요.

예문 2

A: Are you looking for something?

B: Show me golf gloves, please.

A: How about this one?

B: Show me another one, please.

A: How about these two-handed golf gloves?

B: Okay. I'll take them.

해석 2

A: 찾는 것이 있나요?

B: 골프 장갑 좀 보여주세요.

A: 이거 어때요?

B: 다른 걸 보여주세요.

A: 양손 골프 장갑은 어떠세요?

B: 좋아요. 그걸로 할게요.

가게에서

가격 흥정(Price bargaining)은 물건을 사거나 팔기 위하여 가격을 의논하는 것을 말하며, 가격협상(Price negotiation)이라고도 합니다. 해외여행지의 쇼핑 거리에는 단지 구경만 하거나 필요한 상품을 사기 위해 가격을 흥정하는 여행자들로 북적거릴 때가 많습니다.

특히 가격표나 상품설명서에 표시된 정보를 명확히 알 수 있는 해석 능력을 갖춘다면 가격 흥정에 많은 도움이 될 것입니다. 예를 들면 외국 현지에서 신발 등을 살 때 나라마다 사이즈 단위가 다르므로 자신에게 맞는 크기를 미리 알아두는 것도 좋습니다.

그뿐만 아니라 가게의 영업시간, 환불 조건, 결제 방법, 환율, 할인 제도 등에 대해 궁금한 사항이 있을 때 질문할 수 있는 표현 능력을 키운다면 원하는 가격에 별 어려움 없이 상품을 구입할 수 있습니다.

A: How can I help you?

B: I am looking for my shoes, size 8.5. Can you help me to find them?

A: What do you think of these shoes?

B: I'd like to try them. Okay I'll take them. Is the price as marked?

A: Yes, it is.

B: That's expensive. What's your best price?

A: I'll give you a 5% discount on them.

B: Okay. Can you ring up these shoes for me?

A: How would you like to pay for this?

B: I'll pay in cash.

A: Have a nice day.

---

* What do you think of ~ ?: ~은 어떤가요? (= How about ~ ?)
* as marked: 표시된 대로, 표시되어 있듯이
* best price: (고객 입장에서) 최저 가격, 싼 가격
* ring up: (물건값 등을) 계산하다 (= do a sum, ring), (돈 등을) 쓰다, 전화하다
  (= call up), (매상 등을) 입력하다
* pay in cash: 현금으로 지불하다 (↔ pay by credit card)

A: 무엇을 도와드릴까요?

B: 신발 8.5 사이즈를 찾고 있어요. 그것들을 찾도록 도와줄 수 있나요?

A: 이 신발 어때요?

B: 이걸 신어보고 싶어요. 좋아요. 이걸로 하겠습니다. 표시된 가격대로 받나요?

A: 예, 그렇습니다.

B: 비싼데요. 얼마까지 깎아주실 수 있어요?

A: 5% 할인해 드리겠습니다.

B: 알았어요. 이 신발을 계산해주실래요?

A: 이거 어떻게 계산하시겠어요?

B: 현금으로 할게요.

A: 즐거운 시간 되세요.

A: How do I look?

B: It looks like it's a perfect fit.

A: Do you have this style in black?

B: Come this way. It suits you.

A: I like it. I'll get this.

해석 2

A: 저 어때요?

B: 딱 맞는 것 같네요.

A: 이런 스타일의 검은색도 있나요?

B: 이쪽으로 오세요. 잘 어울리네요.

A: 좋습니다. 이걸로 살게요.

음식점에서

우리 속담에 '금강산도 식후경'이라는 말은 보기에 아무리 즐거운 일이라도 배가 불러야 흥이 나지, 배가 고파서는 아무 일도 할 수 없음을 이릅니다. 마찬가지로 여행에서도 아무리 아름다운 경치와 재미있는 축제가 펼쳐지더라도 배가 부른 뒤라야 볼 맛이 난다는 얘기입니다.

특히 해외여행에서 구체적인 식사 계획을 세워 실행하기 전에는 제시간에 음식점에 들러 식사를 마치는 것이 사실상 어렵기 때문에 그에 대비해 항상 간식거리를 준비해 갈 필요가 있습니다. 그뿐만 아니라 현지에서 음식점 입장부터 메뉴 주문, 서비스 추가 요청, 식사, 결제 등의 모든 과정을 영어로 표현할 수 있다면 정말 즐거운 식사 시간이 될 것입니다.

A: I would like to make a dinner reservation for tomorrow night.

B: What time would you like the reservation for?

A: We will be coming at 6 o'clock.

B: How many people in your party?

A: There will be 4 of us.

B: May I have your name?

A: My name is Kildong Hong. Do you have a dress code?

B: The dress code is neat casual clothes.

---

* make a reservation: 예약하다 (= reserve, book)
* party: (식사 등의) 모임, 동행, (관광 등의) 일행 (= company), 잔치, 정당, 당사자
* dress code: (직장, 학교, 행사 등의) 복장 규정, 의복 예규
* neat casual clothes: 단정한 평상복 (= elegant casual), 깔끔한 복장

해석 1

A: 내일 저녁 식사 예약을 하고 싶은데요.

B: 몇 시로 예약해드릴까요?

A: 저희는 6시에 갈 겁니다.

B: 일행이 몇 분이세요?

A: 모두 네 명입니다.

B: 성함이 어떻게 되시죠?

A: 제 이름은 홍길동입니다. 복장 규정이 있나요?

B: 깔끔한 캐주얼이면 됩니다.

A: How many are there in your party?

B: A party of four.

A: Do you want smoking or non-smoking section?

B: Non-smoking, please.

A: All right. This way, please.

(After a while)

A: May I take your order?

B: We'll call you when we're ready to order.

(After a while)

B: Excuse me. Could I order now?

A: Sure, sir.

B: I'd like to order filet mignon. Medium-well done, please.

A: What kind of soup would you like?

B: I'll have mushroom soup.

(After a while)

B: Check, please.

A: Cash or credit card?

B: I'll pay by credit card.

A: Thank you. Have a nice day.

* **take one's order**: (음식, 물품 등)의 주문을 받다 (= have one's order)
* **filet mignon**: 필레미뇽, 즉 (소고기, 돼지고기 등의) 안심 스테이크 (= tenderloin steak)
* **medium-well done**: 미디엄 웰던, 즉 약간 익힌 상태를 말함
* **pay by credit card**: 신용카드로 계산하다 (↔ pay in cash)

해석 2

A: 일행이 몇 분이세요?

B: 4명이요.

A: 흡연석으로 드릴까요, 금연석으로 드릴까요?

B: 금연석으로 주세요.

A: 알겠습니다. 이쪽으로 오세요.

　[잠시 후]

A: 주문하시겠습니까?

B: 주문할 준비가 되면 알려드릴게요.

　[잠시 후]

B: 실례합니다. 지금 주문해도 될까요?

A: 물론이죠.

B: 필레미뇽을 주문하고 싶은데요. 약간 익혀주세요.

A: 수프는 어떤 걸로 드릴까요?

B: 버섯 수프로 주세요.

　[잠시 후]

B: 계산해주시겠어요.

A: 현금으로 하실까요, 신용카드로 하실까요?

B: 신용카드로 계산할게요.

A: 감사합니다. 좋은 하루 되세요.

A: May I have your order?

B: There are so many different dishes listed that it's hard to decide. We'll call you when we're ready to order.

(After a while)

B: Could you take my order, please? I'd like to order prix fixe menu. Make it three.

A: What kind of soup would you like?

B: I'll have mushroom soup.

A: What kind of dressing would you like? There are French, Italian, Honey mustard.

B: I'll have salad with honey mustard dressing.

A: I hope you have a great evening.

B: Thanks a lot.

(After dinner)

A: How was your dinner?

B: That was a good meal. I'm satisfied. Put them all on one check, please.

A: The total comes to be $100 including tip.

B: Can I have the receipt?

A: Here it is.

* **have one's order**: ~의 주문을 받다 (= take one's order)
* **so ~ that**: 너무 ~ 해서 that 이하가 ~ 하다
* **be ready to**: ~할 준비가 되어 있다
* **prix fixe**: (고정된 가격으로 제공하는) 정식 요리 (= set menu)
* **honey mustard**: 꿀과 겨자를 섞어 만든 소스
* **be satisfied**: 만족하다, 흡족하다
* **on one check**: 하나의 계산으로, 한꺼번에
* **the total comes to**: 총계 ~이 되다, 합계 ~이 되다

해석 3

A: 주문하시겠어요?

B: 음식들이 너무 많아서 결정하기 어려워요. 준비되면 부를게요.

　　[잠시 후]

B: 주문 좀 받아주시겠어요? 정식을 주문하고 싶습니다. 세 개로 해주세요.

A: 어떤 종류의 수프를 원하세요?

B: 버섯 수프로 할게요.

A: 드레싱은 어떤 걸로 하시겠어요? 프렌치, 이탈리안, 허니머스터드가
　　있습니다.

B: 허니머스터드 드레싱이 들어간 샐러드로 할게요.

A: 즐거운 저녁 시간 보내길 바라요.

B: 정말 고마워요.

　　[식사를 마친 후]

B: 저녁은 어땠어요?

A: 좋은 식사였어요. 만족합니다. 전부 하나로 계산해주세요.

B: 팁 포함해서 총 100달러입니다.

A: 영수증 좀 주시겠어요?

B: 여기 있습니다.

패스트푸드점에서

여행을 하다 보면 식사 시간을 놓쳐 허기진 배를 부여잡고 간단하게나마 요기할 곳을 찾게 되는 상황이 가끔 일어납니다. 패스트푸드점(Fast food restaurant)에 들러 주문할 때 빨리 나오는 음식은 핫도그, 빵, 라면, 국수, 햄버거, 도넛, 샌드위치 등이 있습니다.

위에서 언급한 대로 패스트푸드는 햄버거, 샌드위치 등과 같이 음식점에서 간단한 조리를 거쳐 제공되는 음식이며 주문 절차도 간단합니다. 따라서 음식점에서 사용하는 영어 단어나 용어 등을 알고 있으면 음식을 주문하는 데 아무런 불편 없이 원하는 음식을 즐길수 있습니다.

A: Excuse me, could you help me find a place where I have lunch?

C: You have to walk one block and turn around the corner. You can find that right away on your right.
(After a while)

B: May I take your order?

A: I'll have one hamburger and one medium sprite.

B: What kind of sauce do you want?

A: I'll have ketchup sauce.

B: Would you like fries with that?

A: Let me get some fries.

B: Will that be all?

A: Yes, that's it.

B: For here or to go?

A: For here. Can it be done right now?

B: Yes, I'll try to serve you in a few minutes.

---

* take one's order: (음식, 물품 등의) 주문을 받다 (= have one's order)
* for here: (주문 음식 등을) 안에서 먹다 (= I'll have it here)
* to go: (주문 음식 등을) 가지고 가다 (= I'll take it out)

A: 실례합니다만, 점심을 먹을 만한 곳을 알려주실래요?

C: 한 블록을 걸어서 모퉁이를 도세요. 오른쪽에 바로 있어요.

　[잠시 후]

B: 주문하시겠습니까?

A: 햄버거 하나랑 스프라이트 하나 주세요.

B: 어떤 소스를 원하세요?

A: 케첩 소스로 할게요.

B: 감자튀김도 함께 드실래요?

A: 감자튀김도 좀 주세요.

B: 그게 다예요?

A: 네, 그래요.

B: 여기서 드실래요, 아니면 가져가실래요?

A: 여기서 먹을게요. 지금 바로 되나요?

B: 네, 곧 해드릴게요.

예문 2

A: How may I help you?

B: I'd like one burger meal with extra cheese. No onions.

A: For here or to go?

B: For here. Can I refill Fanta?

A: Of course.

* refill: (그릇, 잔 등)을 다시 채우다, ~을 리필하다, 리필 용기

해석 2

A: 무엇을 도와드릴까요?

B: 햄버거 세트 하나에 치즈를 추가해주세요. 양파는 빼고요.

A: 드시고 가나요, 포장인가요?

B: 여기서 먹을게요. 환타를 리필할 수 있나요?

A: 그럼요.

예문 3

A: Can I take your order?

B: One small pizza and a cup of coffee to go.

A: What kind of toppings would you like?

B: I'd like pineapple and pepperoni.

A: That'll be $20.

해석 3

A: 주문하시겠어요?

B: 작은 피자 하나랑 커피 한 잔 포장해주세요.

A: 어떤 토핑을 원하십니까?

B: 파인애플과 페퍼로니로 주세요.

A: 모두 20달러입니다.

카페에서

커피의 유래를 살펴보면 서기 800년경 에티오피아(Ethiopia)의 칼디(Kaldi)라는 목동(Goatherd)이 염소가 어떤 식물의 열매를 먹고 나서 흥분하여 날뛰는 것을 보고 커피(Coffee)를 발견했다고 전해집니다. 현대에 이르러 커피는 소비량을 감히 측정할 수 없을 정도로 세계 곳곳에서 가장 대중적인 기호식품(Favorite food)으로 자리 잡았습니다.

세계 여행을 하다 보면 조금이나마 피곤하고 힘든 시간이 있기 마련인데, 이럴 때 잠시 시간을 내어 이국적인 카페(Cafe)에서 커피 한 잔 맛보는 것도 잊지 못할 추억으로 남을 것입니다.

커피를 주문할 때는 먼저 원하는 커피를 결정하고 커피 이름과 수량, 사이즈 등을 말한 후 Please를 상냥하게 붙이면 됩니다. 카페마다 제공되는 사이즈의 종류와 이름이 조금씩 다르니 메뉴에 적힌 사이즈의 크기를 선택한 후 주문하면 되겠습니다. 일반적으로 사이즈는 Small, Regular, Large나 Short, Tall, Grande 등이 사용됩니다.

예문 1

Can I get one regular cappuccino, please?

* regular: 보통 사이즈의 (= normal size), 표준 크기의 (= standard size)
* cappuccino: 카페라떼보다 거품이 더 들어가는 커피

해석 1

카푸치노 보통으로 한 잔 주실래요?

예문 2

I'll have a decaf latte, easy on the foam, please.

* decaf: 카페인을 제거한 (= decaffeinated), 카페인이 없는 커피 (= decaff)
* easy on: ~이 적당한, ~에 관대한, ~이 많지 않은

해석 2

카페인 없는 라떼에 거품은 조금만 얹어주세요.

Can I have a small, iced caramel macchiato with an extra shot?

* macchiato: 에스프레소(Espresso)에 우유 거품을 얹은 커피
* shot: 커피 원액, 즉 Espresso 작은 잔

해석 3

아이스 스몰 사이즈 캐러멜 마키아토에 샷을 추가해주실래요?

A: May I help you?

B: A black coffee, please.

A: What size would you like?

B: Regular, please.

A: With cream and sugar?

B: Just sugar, please.

해석 4

A: 무엇을 도와드릴까요?

B: 블랙 커피 한 잔 주세요.

A: 어떤 사이즈로 하시겠어요?

B: 중간으로 주세요.

A: 크림과 설탕을 넣을까요?

B: 설탕만 주세요.

Memo

은행에서

환전(Currency exchange)은 서로 다른 종류의 화폐와 화폐를 교환하는 것을 말하며, 환전 가격은 해당 통화의 매매기준율에 환전수수료를 더한 금액입니다.

해외여행을 할 때 반드시 필요한 일이 환전하는 것입니다. 주로 우리 돈을 가장 많이 통용되는 미국 달러로 환전을 하는데, 공항 환전소는 수수료가 비싸기 때문에 시내에 있는 외국환은행지점이나 서울역 환전센터 등에서 미리 환전해두는 것이 좋습니다.

특히 외국에서 환전을 할 때는 해당 통화의 화폐 단위, 환율, 수수료율 등을 숙지하여 비용을 최소화하고 환전한 돈은 반드시 확인하는 습관을 지녀야 하겠습니다. 따라서 같은 날 환전하더라도 어디서 환전하느냐에 따라 수수요율에 있어 큰 차이가 나기 때문에 저렴한 환전소에서 미리 환전하시길 바랍니다.

예문 1

A: Hi! How can I help you?

B: I'd like to exchange 300,000 Korean won into US dollars.

A: Ok.

B: What's the current exchange rate?

A: The exchange rate for the Korean Won is 1,320 won per dollar.

B: How much is the commission on this transaction?

A: We get a 5% commission of the exchanged amount as a service charge. How do you like your money?

B: Five twenties, Five tens, the rest in ones.

A: Would you show me your passport?

B: Here it is.

A: Sign your name here, please.

B: Ok.

A: Here you are. Have a nice day.

---

* exchange A into B: A를 B로 교환하다, 바꾸다
* transaction: 거래, (거래 등의) 처리 (= dealings), 수행
* commission: 수수료 (= charge, fee, ex. transaction fee, 거래 수수료), 판매 수당
* service charge: 서비스료, 봉사료, 관리비

A: 안녕하세요. 무엇을 도와드릴까요?

B: 한국 돈 30만 원을 미국 달러로 환전해주세요.

A: 네.

B: 현재 환율이 어떻게 되나요?

A: 원화 환율은 달러당 1,320원이네요.

B: 거래 수수료는 얼마죠?

A: 환전 금액의 5%를 서비스 수수료로 받고 있어요. 한국 돈을 어떻게 해드릴까요?

B: 20달러 5장, 10달러 5장, 나머지는 1달러 돈으로 주세요.

A: 여권 좀 보여주시겠어요?

B: 여기 있어요.

A: 여기에 서명 좀 해주세요.

B: 네.

A: 여기 있습니다. 즐거운 하루 보내세요.

예문 2

A: I'd like to exchange some money.

B: What currencies do you want to exchange?

A: I'd like to change Korean money into U.S. dollars.
What's the exchange rate for the Korean Won?

B: The exchange rate for the Korean Won is 1,330 won
per dollar.

A: Could you exchange this money for U.S. dollars?

B: Of course. How do you like your money?

A: Three twenties, five tens and the rest in ones.

B: Here they are.

---

* exchange: 환전하다 (= make an exchange), 교환하다
* change A into B: A를 B로 바꾸다 (= exchange A for B)
* the rest: 나머지 (= the remaining)

해석 2

A: 환전을 좀 하고 싶은데요.

B: 어떤 통화를 환전하고 싶으세요?

A: 한국 돈을 미국 달러로 바꾸고 싶어요. 한국 원화의 환율은 얼마입니까?

B: 한국 원화의 환율은 달러당 1,330원입니다.

A: 이 돈을 미국 달러로 환전해주시겠어요?

B: 돈은 어떻게 드릴까요?

A: 20달러짜리 세 장, 10달러짜리 다섯 장, 나머지는 1달러로 주세요.

B: 여기 있습니다.

A: Hi! How may I help you?

B: I'd like to exchange 50,000 Korean won into US dollars.

A: I'll take care of that.

B: Can I have your smallest bills?

A: Yes. I would give you as many as I can. Please sign here.

B: Okay.

A: Here you are. Have a nice day.

B: Thank you so much.

---

* **take care of**: 처리하다 (= deal with, handle), 돌보다 (= look after, attend to)

해석 3

A: 안녕하세요! 무엇을 도와드릴까요?

B: 50,000원을 미국 달러로 환전하고 싶네요.

A: 그렇게 하겠습니다.

B: 소액권으로 주실 수 있나요?

A: 네. 최대한 소액권으로 많이 드릴게요. 여기 서명해주세요.

B: 네.

A: 여기 있어요. 좋은 하루 보내세요.

B: 정말 감사합니다.

Memo

경찰서에서 (1)

　해외여행지 어딘가에서 가방이나 지갑 등을 잃어버리거나, 택시나 버스에 그것을 두고 그냥 내리는 안타까운 일이 일어나곤 합니다. 특히 분실물 중에서 여권이나 신용카드 등을 잃어버렸을 때 어떻게 처리해야 할지 당황하게 되지만 미리 숙지한 방법대로 처리한다면 문제 해결에 많은 도움이 됩니다.

　여권은 해외여행을 할 때 본인의 신분을 증명하는 유일한 신분증명서로서 매우 중요한 기능을 하므로 철저한 관리가 필요합니다. 그뿐만 아니라 분실된 여권을 제3자가 습득하여 위·변조 등 나쁜 목적으로 사용할 경우 본인에게 막대한 피해가 돌아갈 수 있으므로 보관에 만전을 기해야 합니다. 분실 신고된 여권은 즉시 무효화되어 이를 찾더라도 사용할 수 없으므로 현지 소재 대한민국 대사관이나 영사관에 연락해서 직접 분실 신고하고 여권 재발급 및 여행자 증명서 발급 신청을 해야 합니다.

신용카드 분실을 인지한 때에는 바로 카드회사 콜센터에 신고를 해야 하며, 현지 경찰서에서 분실 확인증 등을 받아놓는 것도 보상받을 때에 중요한 증빙자료가 됩니다. 따라서 외국에서 여행을 할 때에는 중요한 소지품을 넣은 가방이나 지갑 등은 항상 자신의 몸에 지니고 다녀야 하며 분실에 대비해 신고 방법과 절차 등을 사전에 숙지하고 있어야 합니다.

예문 1

A: Officer, I would like to report the loss of my bag. It contained my wallet and passport. And I'd like to get my passport reissued.

B: I'll let you know the result as soon as possible. The Korea embassy will be able to help you replace your passport.

* report the loss of: (소지품 등의) 분실을 신고하다
* reissue: (여권 등을) 재발급하다, 재교부하다 (= replace)

해석 1

A: 경관님, 제 가방을 분실했어요. 가방에는 지갑과 여권이 있어요. 그리고 여권을 발급받고 싶군요.

B: 최대한 빨리 그 결과를 알려드릴게요. 한국 대사관에서 여권을 재발급하는 것을 도와줄 거예요.

A: Where is the nearest police station?

B: You'll find the nearest police station on Oak Street, approximately a ten-minute walk from here.

(After a while)

C: How may I help you?

A: I'd like to report a theft.

C: When and where did it happen?

A: My wallet was stolen on a bus this morning.

C: What's in it?

A: I had six hundred dollars in cash and two credit cards.

C: Make out this theft report, please.

---

* report a theft: 도난을 신고하다 (= file a theft report), 잃어버린 물품을 신고하다 (= report stolen items)
* make out: (양식 등을) 기입하다 (= fill in), 기재하다, (문서 등을) 작성하다, (사람, 이유 등을) 이해하다 (= figure out)

해석 2

A: 가장 가까운 경찰서는 어디입니까?

B: 여기서 10분 정도 걸어가면 오크 스트리트에 경찰서가 있어요.

  [잠시 후]

C: 무엇을 도와드릴까요?

A: 도난 신고를 하려고요.

C: 언제 어디서 일어난 일이죠?

A: 오늘 아침 버스에서 지갑을 도난당했어요.

C: 뭐가 들어 있나요?

A: 현금 600달러와 신용카드 2장이 있었어요.

C: 이 도난 신고서를 작성해주세요.

예문 3

A: Police station. May I help you?

B: I'd like to report a traffic accident.

A: Is anybody hurt?

B: Yes, please send an ambulance right away. Please hurry up.

해석 3

A: 경찰서입니다. 무엇을 도와드릴까요?

B: 교통사고 신고하려고요.

A: 다친 사람은 있나요?

B: 네, 바로 구급차를 보내주세요. 서두르세요.

경찰서에서 (2)

　해외여행을 할 때 즐거운 여행을 기대하지만 여행지 환경에 따라 불행하게도 도둑이나 강도 등을 당하게 되면 매우 당황하게 됩니다. 여행지에서 불행한 일을 당하지 않기 위해서는 사전에 여행지의 환경, 문화, 날씨 등의 정보를 정확히 인지하고 여행을 떠나야 하겠습니다.

　여행지에 도착해서는 외출을 하기 전에 현지인, 경찰, 대사관 직원 등에게 여행할 때의 주의 사항을 물어보는 것도 안전한 여행을 하는 데 도움이 됩니다. 특히 현지에서 예기치 않게 도둑이나 강도 등을 당할 때에는 미리 숙지한 신고 방법 등을 최대한 활용하여 문제를 해결해야 합니다.

　따라서 해외여행은 국내여행과 달리 우리의 행동에 제약이 많고 건강에도 유의해야 하며 특히 신용카드, 여권, 핸드폰 등 소지품 도난에 주의한다면 즐겁고 보람 있는 여행이 될 것입니다.

예문 1

A: Excuse me, Sir. May I ask you something I should be careful about as a traveler here?

B: You need to keep in mind that there are thieves in this area. Be careful anytime you are in a crowded place. Especially, I wouldn't suggest walking around and seeing the sights at night.

A: I'll keep that in mind. Thank you so much.

B: Have a pleasant trip.

* be careful about: ~에 주의하다, 조심하다 (= be careful of)
* keep in mind: 명심하다, 기억해두다 (= bear in mind)
* walk around: 걸어다니다 (= go around), 거닐다
* see the sights: 구경하다 (= look around, sightsee), 광경을 보다

해석 1

A: 실례합니다. 이곳 여행자로서 주의해야 할 점을 여쭤봐도 될까요?

B: 이 지역에 도둑이 많다는 것을 명심해야 합니다. 사람이 많은 곳에 있을 때는 항상 조심하세요. 특히 밤에 돌아다니면서 구경하는 것은 권하지 않습니다.

A: 명심할게요. 정말 감사합니다.

B: 즐거운 여행 되세요.

A: Officer, could you help me, please? I got my wallet stolen. I want to find the best solution.

B: Have you seen anyone suspicious?

A: I didn't notice anyone unusual or stranger.

B: May I have your phone number? I'll let you know the result as soon as possible.

---

* best solution: 가장 좋은 해결책, 최선의 방책
* suspicious: 의심스러운 (= doubtful), 수상한, 미심쩍은 (= dubious)
* anyone unusual or stranger: 특이하거나 낯선 사람

해석 2

A: 경관님, 저 좀 도와주시겠어요? 지갑을 도둑맞았어요. 최선의 해결책을 찾고 싶어요.

B: 수상한 사람 본 적 있어요?

A: 특이하거나 낯선 사람은 못 봤어요.

B: 전화번호 좀 알려주시겠어요? 최대한 빨리 결과를 알려드릴게요.

Memo

약국에서 (1)

약국 용어의 경우 미국, 캐나다 등은 Drugstore, 영국, 호주 등 연방은 Chemist's로 사용되며, 이는 약품과 잡화를 함께 파는 상점 (Store that sells medicines, beauty products, and other goods)을 말합니다. 반면 Pharmacy는 약품만을 파는 약국으로, 일반 약국이나 병원 등의 구내 약국(Store where medicines are prepared and sold)을 의미합니다.

외국의 경우에 대부분의 약값이 생각보다 비싸므로 여행 전에 평소 복용하는 약이나 상비약(Household medicine)을 충분히 준비해서 떠나도록 합니다. 대부분의 국가는 우리나라와 같이 의약 분업이 되어 있으므로 당뇨, 고혈압, 천식 등에 해당하는 약품은 병원에서 먼저 처방전을 받아 약국에서 약을 구매해야 하는 경우가 많기 때문입니다.

감기, 두통 등 간단한 약들은 의사의 처방전 없이 약국이나 잡화

점에서 구입이 가능하므로 약사에게 어디가 어떻게 아픈지 증상을 말하면 원하는 약을 쉽게 구입할 수 있습니다. 다만 일반 잡화점 등에서 판매되는 약들의 유통기한(Expiration date)은 생각보다 짧은 경우가 있으므로 그 기한을 꼭 확인한 후 구입해야 합니다.

예문 1

A: Hi.

B: What can I do for you?

A: Give me medicine for a headache, please.

B: Wait a minute, please.

A: How many times a day shall I take it?

B: Take one fill three times a day.

A: Before or after meals?

B: Take the medicine 30 minutes after a meal.

A: What are the side effects?

B: Don't worry about it.

해석 1

A: 안녕하세요.

B: 무엇을 도와드릴까요?

A: 두통약 좀 주세요.

B: 잠시만 기다려주세요.

A: 하루에 몇 번 복용하면 되나요?

B: 하루에 3번 1알씩 드세요.

A: 식사 전인가요, 후인가요?

B: 식후 30분에 드세요.

A: 어떤 부작용이 있나요?

B: 그건 걱정하지 마세요.

예문 2

A: Could you please make the medicine according to this prescription?

B: Okay. Here's your medicine.

A: How many times a day should I take it?

B: Take this medicine before each meal.

해석 2

A: 이 처방전대로 약을 지어주시겠어요?

B: 네. 약 여기 있어요.

A: 하루에 몇 번이나 복용하면 되나요?

B: 이 약은 식사하기 전에 드세요.

Memo

약국에서 (2)

　여행을 떠날 때 깜빡 잊고 상비약(Household medicine)을 준비하지 못했거나 여행지에서 갑자기 신체에 이상이 생겨 약국이나 병원 등을 찾는 데 어려움을 겪기도 합니다. 또한 처방전(Prescription)을 제대로 보지 않거나 약사가 말한 주의 사항을 알아듣지 못하는 상황에서 임의로 약을 복용하면 부작용(Side effect)이 생기고 여행의 불편함을 느낄 수 있습니다.

　특히 병원으로부터 처방전을 받아 약국에서 약품(Medicine)을 구입할 경우 약사에게 약을 복용할 때의 주의 사항(Precautions)이나 조언(Advices)을 잘 듣고 그의 안내대로 약을 사용해야 합니다.

　따라서 여행지에서의 건강상 위험에 대비해 미리 상비약을 준비해 가거나 약국, 병원의 최신 정보(Updates), 위치, 상담 절차 등을 알아 놓으면 문제 해결에 많은 도움이 됩니다. 더불어 약품을 복용할 때의 주의 사항 안내 등에 사용되는 영어 표현을 익혀놓으면 약사의 설명을 잘 이해할 수 있을 뿐만 아니라 약의 부작용을 줄이고 그 효용(Utility)을 기대할 수 있습니다.

예문 1

When taking this medication, do not drink alcoholic beverages.

> * medication: 약물 (= be on medication for, ~에 대한 약물 치료를 받다), 약 (= medicine, drug)

해석 1

이 약을 복용하는 동안 술을 마시지 마세요.

예문 2

Take this medication exactly as prescribed.

> * prescribe: (약, 치료법을) 처방하다, 권하다, (법률, 계약 등이) ~을 규정하다 (= stipulate), 정하다

해석 2

이 약을 처방전대로 정확히 복용하세요.

This medication may cause drowsiness.

* drowsiness: 나른함 (= drowsiness after a meal, 식곤증), 졸림, 졸음 (= sleepiness), 졸림감

해석 3

이 약은 졸음을 유발할 수 있습니다.

Call your doctor if you experience serious side effects.

* side effect: (약물 등의) 부작용 (ex. side effect of medication, 약물 치료의 부작용)

해석 4

부작용이 심하면 의사에게 연락하세요.

예문 5

Do not leave your medicine where children or pets can access it.

* access: (장소, 기회, 정보 등의) 접근, 접근 가능성, 접근권, ~에 접근하다, 접속하다

해석 5

어린이나 애완동물이 만질 수 있는 곳에 약을 뇌두지 마세요.

예문 6

This medication may be taken with or without food.

* take: (소량의 음식, 물 등)을 섭취하다, 복용하다 (= take medicine, 약을 먹다), (체온, 맥박 등)을 재다, (주사, 약, 조치 등이) 효과가 있다

해석 6

이 약은 음식물 섭취와 관계없이 복용할 수 있습니다.

Call your doctor if you experience any changes in vision.

* **vision**: 시력, 눈 (ex. in vision, 눈에 띄는), 상상, 환상, 시야, 전망, 선견지명, 통찰력

해석 7

눈에 보이는 변화가 있으면 의사에게 연락하세요.

Memo

응급센터에서

해외여행지에서 예기치 않은 질병이 발생하면 여간 당황스러운 일이 아닐 수 없습니다. 이러한 긴급 상황에 대비해 비상약을 구비하는 것 이외에도 여행지에서 자주 발생하는 질병명을 영어로 숙지해놓으면 앰블런스, 약국, 응급구조센터(Medical center), 병원 등으로부터 응급 조치(Emergency treatment)를 받는 데 많은 도움이 될 것입니다.

그뿐만 아니라 동행인이 현지 의료 전문가로부터 응급조치 등 도움을 받을 수 없는 상황에 대비해서 심폐소생술(Cardiopulmonary resuscitation, CPR)의 절차, 즉 심장압박(Compression) → 기도 확보(Airway) → 숨 불어넣기(Breathing)의 과정 등을 숙지해놓으면 위급한 생명을 구할 수 있습니다.

해외여행지에서 발생할 수 있는 질병은 다음과 같습니다.

① 차멀미: Car sickness (= Motion sickness)

② 독감: Flu (= Bad cold)

③ 기침: Cough

④ 감기: Cold

⑤ 콧물: Runny nose

⑥ 오한: Chill

⑦ 발열: Fever

⑧ 몸살: Ache all over

⑨ 인후통: Sore throat

⑩ 두통: Headache

⑪ 통증: Pain

⑫ 소화불량: Indigestion (= Dyspepsia)

⑬ 배탈: Upset stomach

⑭ 메스꺼움: Nausea

⑮ 구토: Vomiting (= Throwing up)

⑯ 식중독: Food poisoning

⑰ 위통: Stomachache (= Stomach problems)

⑱ 복통: Tummyache

⑲ 설사: Diarrhea

⑳ 변비: Constipation (= No bowel movements)

㉑ 출혈: Bleeding

㉒ 화상: Sunburn (= Burn, Scald)

㉓ 발진: Rash

㉔ 두드러기: Urticaria

㉕ 알레르기: Allergy

㉖ 과민증: Anaphylaxis

㉗ 찰과상: Scratch

㉘ 상처: Wound

예문

A: Hello, Is this emergency service center?

B: Yes. What's the matter with you?

A: Patient is in serious condition. Could you tell me about simple method of emergency treatment?

B: Keep the patient warm and elevate the feet, please.

A: And please send an ambulance right away.

해석

A: 여보세요, 응급구조센터인가요?

B: 네. 무슨 일이죠?

A: 환자분 상태가 심각한데요, 간단한 응급처치 방법을 알려주시겠어요?

B: 환자분을 따뜻하게 해주시고 발을 올려주세요.

A: 그리고 바로 구급차를 보내주세요.

Memo

병원에서

여행할 때 갑자기 몸이 아프거나 불편함을 느끼는 경우 또는 준비해 온 상비약이 떨어진 경우 병원에 가야 할지 약국에 가야 할지 그냥 참아야 할지 고민이 되는 경우가 많습니다. 물론 불편함이 덜한 경우에는 준비해 온 비상약으로 어느 정도 해결할 수 있지만 증상이 점점 심해질 때는 병원이나 약국에 가서 전문가에게 상담을 받을 필요가 있습니다.

특히 해외여행을 할 때 병원이나 약국에서 사용하는 다양한 영어 표현을 미리 익혀놓으면 전문가와의 상담, 문의 등에 유용하게 사용할 수 있으며 현지인과의 의사소통에 많은 도움이 됩니다. 다시 말해 자신의 어디가 어떻게 아픈지 등을 구체적으로 표현함으로써 상대방이 그 내용을 이해하고, 또한 상대방의 말을 잘 듣고 이에 따를 수 있는 능력을 갖춘다면 여행의 불편함은 곧 사라질 것입니다.

따라서 출발 전에 여행자 보험에 가입하고 가면 치료비 등을 보장

받을 수 있으므로 몸이 아프면 참지 말고 조금 번거롭더라도 병원이나 약국에 가서 증상을 설명하고 약을 구입하는 것이 즐거운 여행의 지름길입니다.

예문 1

A: I'd like to see a doctor.

B: Did you have an appointment?

A: Yes, I did.

B: What's your name?

A: My name is Gildong Hong

B: Wait a minute, please

(After a minute)

C: How are you feeling today?

A: I feel sick to my stomach.

C: Can you describe your other symptoms?

A: I have diarrhea. And I have indigestion.

C: When did they start?

A: These symptoms started three days ago.

C: How often do you have these pains?

A: I have these pains often.

C: Can you lie down for me?

A: Sure, sir.

C: I think it's enteritis.

* **see a doctor**: 의사의 진찰을 받다 (= consult a doctor)
* **have an appointment**: ~을 약속하다 (= promise), ~을 예약하다 (= make a reservation, book)
* **feel sick to**: ~에 고통이 있다, ~이 아프다
* **diarrhea**: 설사 (= diarrhoea, the runs)
* **indigestion**: 소화불량 (= dyspepsia, ↔ eupepsia)
* **enteritis**: 장염 (cf. gastroenteritis, 위장염)

해석 1

A: 의사를 뵙고 싶은데요.

B: 약속을 하셨나요?

A: 예, 했어요.

B: 이름이 뭐죠?

A: 홍길동입니다.

B: 잠깐만 기다리세요.

　　〔잠시 후〕

C: 오늘은 기분이 어때요?

A: 복통이 있어요.

C: 다른 증상을 설명할 수 있나요?

A: 설사를 하고 소화불량이에요.

C: 언제부터 아팠습니까?

A: 이 증상은 삼 일 전에 시작되었어요.

C: 얼마나 자주 이런 통증이 있습니까?

A: 자주 아파요.

C: 저를 위해 누워주실 수 있나요?

A: 네, 선생님.

C: 장염인 것 같아요.

예문 2

A: Hello, how may I help you?

B: I'm here to see a doctor. I have a deep cut on my foot.

A: I'll call you when the doctor is ready to see you.

(After a while)

C: Let me take a look at your foot.

B: What condition do you think my feet are in?

C: It's not that severe. Take this prescription to a pharmacy and buy medicine.

B: Thank you, doctor.

해석 2

A: 안녕하세요, 무엇을 도와드릴까요?

B: 진찰을 받으려고요. 발에 깊은 상처가 났어요.

A: 의사 선생님이 진료 준비가 되면 부를게요.

[잠시 후]

C: 발을 좀 볼게요.

B: 제 발 상태가 어떤 것 같아요?

C: 그렇게 심하진 않아요. 이 처방전을 약국에 가져가셔서 약을 사세요.

B: 고맙습니다, 선생님.

※ 증상(Symptoms) 관련 표현

① 간지러운: Itchy

② 부은: Swollen

③ 감각이 없는: Numb

④ 몸에 퍼진: Spreading

⑤ 쓰린: Sore

⑥ 콧물이 흐르는: Runny (ex. runny nose, 콧물)

⑦ 코막힘: Stuffy nose (= Blocked nose)

⑧ 기침: Cough (= Coughing)

⑨ 가래: Phlegm

⑩ 열: Fever

⑪ 목감기: Sore Throat

⑫ 위통: Stomachache

⑬ 흉통: Chest Pains

⑭ 편두통: Migraine (= Megrim, Hemicrania)

⑮ 발진: Rash

⑯ 두통: Headaches

⑰ 피로: Fatigue

⑱ 설사: Diarrhea

⑲ 불면증: Insomnia

⑳ 근육통: Muscles pain (= Muscles ache, Sore muscles)

㉑ 긴장: Strain

㉒ 압력: Pressure

㉓ 삔: Sprained

㉔ 곪다: Festered, Suppurated, Infected

㉕ 빈혈: Anemia

㉖ 천식: Asthma

㉗ 물집: Blister

㉘ 상처: Cut, Bruise, Injury, Wound

㉙ 혈압: Blood pressure

㉚ 맥박: Pulse

㉛ 감염: Infection

㉜ 골절: Fracture

㉝ 호흡곤란: Out of breath

㉞ 병: Disease

㉟ 알레르기: Allergy

㊱ 앓다: Suffer (= be ill)

㊲ 아프다: Hurt, Ache ⑱ Sick, Painful, Ill, Sore

㊳ 통증, 아픔, 고통: Pain

㊴ 탈수증: Dehydration

㊵ 염증: Inflammation

㊶ 부러진: Broken

㊷ 발작: Seizure

㊸ 심장마비: Heart attack

㊹ 경련: Convulsion (= Spasm, Cramp)

㊺ 출혈: Bleeding

※ 병원 의료 관련 용어

① 응급실: Emergency room (ER), Emergency ward

② 접수 창구: Reception desk

③ 입원: Admission

④ 퇴원: Discharge

⑤ 약국: Pharmacy

⑥ 처방전: Prescription

⑦ 약: Medicine (= Medication, 알약은 Pill or Tablet)

⑧ 이비인후과: Ear Nose Throat Department (ENT, or Otolaryngology)

⑨ 산부인과: Obstetrics and Gynecology (OB/GY)

⑩ 정형외과: Orthopedic Surgery (OS)

⑪ 안과: Ophthalmology (OPH)

⑫ 치과: Dentistry (DN) (= Dental clinic)

⑬ 심장과: Cardiology (CD)

⑭ 내과: Internal Medicine (IM)

⑮ 피부과: Dermatology (DM)

⑯ 소아과: Pediatrics (PED)

⑰ 일반외과: General Surgery (GS)

⑱ 신경과: Neurology (NR)

⑲ 신경정신과: Neuro-Psychiatry (NP)

⑳ 신경외과: Neuro-Surgery (NS)

㉑ 마취과: Anesthesiology (AN)

㉒ 비뇨기과: Urology (URO)

㉓ 흉부외과: Chest Surgery (CS)

㉔ 방사선과: Radiology (RA)

㉕ 성형외과: Plastic Surgery (PS)

㉖ 중환자진료부: Intensive Care Unit (ICU)

㉗ 가정의학부: Family Medicine (FM)

㉘ 중환자실: Intensive Care Unit (ICU)

㉙ 초음파 검사: Ultrasound

㉚ 소변 샘플: Urine specimen

㉛ 혈액 샘플: Blood sample

㉜ 소화제: Digestive medicine (= Medication for digestion)

㉝ 진통제: Pain killer (= Pain reliever)

㉞ 항생 연고: Antibiotic cream

㉟ 밴드: Bandage

㊱ 소독약: Disinfectant, Antiseptic

㊲ 부작용: Side effect

㊳ 체온계: Thermometer

㊴ 청진기: Stethoscope

㊵ 항히스타민제: Antihistamine (= 알레르기 치료제)

㊶ 피임약: Contraceptives

㊷ 설사약: Laxative

㊸ 연고: Ointment

음식 요리 관련 표현

우리말 '요리'는 '음식을 만드는 일(Cooking)', '음식(Food, Dish, Cuisine)', 또는 음식과 별개로 '어떤 대상을 능숙하게 처리함' 등을 뜻합니다.

현지 식당에서 맛있는 요리를 먹으면 그 음식이 어떻게 조리되었는지 궁금해서 웨이터에게 물어볼 수 있습니다. 물론 웨이터가 열심히 설명해주는데 이를 잘 알아듣는다면 더 즐겁고 오붓한 식사 분위기가 될 것입니다. 따라서 조리법(Recipe)이나 음식의 맛을 나타내는 영어 표현을 익혀놓으면 다양한 외국 음식의 맛과 요리법을 이해하는데 많은 도움이 됩니다.

※ 요리법 관련 영어 표현

① Bake: (빵, 케이크 등을) 굽다

② Barbecue: (통째로 불 등에) 굽다

③ Blend: (전체가 균일한 농도, 질 등이 되도록) 휘젓다

④ Beat: (거품기 등으로) 뒤섞다

⑤ Boil: (물, 차 등을) 끓이다, 삶다

⑥ Braise: (약한 불 등으로) 볶다

⑦ brew: (커피 등을) 내리다, 끓이다

⑧ Broil: (숯불 등에) 굽다

⑨ Brown: (고기, 채소 등을) 노릇노릇하게 튀기다

⑩ Chill: (냉장고 등에) 얼리다

⑪ Chop: (고기 등을) 썰다

⑫ Coat: (밀가루 등을) 입히다

⑬ Cool: (실온 등에서) 식히다

⑭ Crush: (콩 등을) 눌러 부수다, 빻다

⑮ Cube: (무 등을) 깍둑썰기하다

⑯ Cut: (채소 등을) 자르다

⑰ Cut up: (고기 등을) 저미다

⑱ Deep-fry: (음식물 등을) 기름에 튀기다

⑲ Dice: (무 등을) 깍둑썰기하다

⑳ French-fry: (가루를 묻히지 않고 날로) 튀기다

㉑ Freeze: (생선 등을) 냉동하다

㉒ Fry: (기름 등에) 튀기다

㉓ Grate: (강판 등에) 갈다

㉔ Grill: (석쇠 등을 사용하여) 굽다

㉕ Grind: (곡식 등을) 잘게 갈다

㉖ Heat: (밥 등을) 데우다

㉗ Mash: (감자 등을) 으깨다

㉘ Mince: (고기 등을) 잘게 다지다

㉙ Mix: (밀가루 등을) 섞다

㉚ Panbroil: (약한 불 등으로) 굽다

㉛ Pan-fry: (채소 등을) 살짝 볶다

㉜ Peel: (채소 등의) 껍질을 벗기다

㉝ Refrigerate: (생선 등을) 냉장하다

㉞ Roast: (고기, 밤 등을) 굽다, (콩, 땅콩 등을) 볶다

㉟ Season: (소스 등으로) 양념하다

㊱ Shallow-fry: (채소 등을) 살짝 볶다

㊲ Simmer: (고기 등을) 약한 불에 지글지글 끓이다

㊳ Slice: (생선 등을) 얇게 썰다

㊴ Sprinkle: (소금 등을) 흩뿌리다

㊵ Stew: (면, 채소 등의) 재료를 넣고 끓이다

㊶ Stir: (면 등을) 젓가락으로 젓다

㊷ Stir-fry: (기름 등을 조금만 넣고) 휘저어 볶다

㊸ Toast: (빵 등을) 얇게 저며 굽다

㊹ Toss: (식재료 등을) 가볍게 뒤섞다

㊺ Whip: (크림 등을) 거품이 나도록 휘젓다

※ 음식 맛 관련 영어 표현

① It's astringent: 떫은맛이 난다

② It's bitter: 쓴맛이다

③ It's bland: 싱겁다

④ It's chewy: 쫄깃쫄깃하다

⑤ It's crispy: 바삭바삭하다

⑥ It's delicious: 맛있다

⑦ It's fiery: 정말 맵다

⑧ It's fresh: 신선하다

⑨ It's greasy: 느끼하다

⑩ It's hearty: 푸짐하다

⑪ It's hot: 맵다

⑫ It's light: 담백하다

⑬ It's lukewarm: 미지근하다

⑭ It's mouth-watering: 군침이 돈다

⑮ It's oily: 기름지다

⑯ It's rich in taste: 맛이 풍부하다

⑰ It's salty: 짠맛이다

⑱ It's savory: 감칠맛이다

⑲ It's smooth: 부드럽다

⑳ It's spicy: 양념맛이 강하다

㉑ It's sour: 신맛이다

㉒ It's strong: 맛이 강하다 (= It's intense)

㉓ It's sugary: 달콤하다

㉔ It's sweet: 달다

㉕ It's tangy: 톡 쏘는 맛이다 (= It's pungent)

㉖ It's tasty: 맛이 좋다

㉗ It's thick: 진하다

㉘ It's yummy: 맛나다

공항 전광판 축약어 이해

약자(Abbreviation) 또는 약어는 여러 글자로 된 말의 일부를 생략하여 만든 글사, 즉 축약된 말을 의미합니다. 약자는 바쁜 일상에서 원하는 정보를 빨리 습득하여 이에 대응하기 위함이어서 그런지 많은 사람들이 이런 줄임말을 자주 사용하는 현상을 보이고 있습니다.

특히 여행이 생활의 필수 요소가 된 글로벌 시대에 살고 있는 요즘, 공항 전광판(Electric sign)이나 안내판(Sign board)에 표시되는 영어 약어를 제대로 이해하지 못하면 여행에 불편함을 느끼고 오히려 그것이 여행의 감흥을 떨어뜨리기도 합니다.

대부분의 약자는 단어의 첫 글자들로 구성되어 바로 이해할 수 있습니다만 그렇지 않은 글자들로 모인 축약어도 많아 도대체 그 의미를 파악하기 어려울 수도 있습니다. 따라서 여행을 떠나기 전에 알쏭달쏭한 약어를 미리 알아두면 원하는 정보에 쉽게 접근할 수 있기 때문에 앞으로 편하고 즐거운, 나아가 안심이 되는 여행이 될 것입니다.

① ADV: Advise, 통보하다
② APIS: Advance Passenger Information System, 여행자 정보 사전 확인 시스템
③ ARR: Arrive, 도착하다
④ ASAP: As Soon As Possible, 가능한 한 빨리
⑤ ATA: Actual Time of Arrival, 실제 도착 시각
⑥ ATD: Actual Time of Departure, 실제 출발 시각
⑦ ATR: Air Ticket Request, 담보 능력이 부족한 여객 대리점이 고객으로부터 요청받은 항공권을 해당 항공사의 발권 카운터에서 구입하는 티켓팅 방식
⑧ BRDG: Boarding, 탑승하다
⑨ BSP: Billing and Settlement Plan, 국제항공운송협회(IATA)의 표준 항공 여객 운임 정산 제도
⑩ CHD: Child, 어린이
⑪ CIQ: Customs, Immigration, Quarantine, 세관검사, 입국 수속, 검역
⑫ CTC: Contact, 연락하다
⑬ DAPO: Do All Possible, 가능한 한 모든 노력을 다함
⑭ DSR: Daily Sales Report, 항공권에 관한 일일 판매 보고서
⑮ EBS: Enhanced Boarder Security, 국경 보안 강화 시스템
⑯ E/D CARD: Embarkation/Disembarkation Card, 출입국 기록 카드
⑰ ENDORS: Endorsement, 항공사 간에 항공권의 권리를 양도하는 것
⑱ FLT: Flight, 항공기
⑲ GMT: Greenwich Mean Time, 영국 그리니치 평균시, 국제표준시

⑳ IATA: International Air Transport Association, 국제항공운송협회

㉑ INF: Infant, 유아(0~2세 미만)

㉒ INTL: International, 국제선

㉓ NBR: Number, 번호

㉔ NOSH: No Show, 예약하고 공항에 안 나타남

㉕ NTBA: Name To Be Advised, 통보 안 된 이름

㉖ OAG: Official Airline Guide, 정식 항공 시간표

㉗ ORIG: Origin, 출발지

㉘ OW: One Way, 편도

㉙ PNR: Passenger Name Record, 승객 예약 기록

㉚ PSGR: Passenger, 승객

㉛ PTA: Prepaid Ticket Advice, 항공 요금의 선불 제도

㉜ REF: Refund, 티켓 미사용분에 대한 환불

㉝ RT: Round Trip, 왕복

㉞ SKED: Schedule, 일정표

㉟ SSR: Special Service Requirement, 특별 서비스 요청

㊱ TTL: Ticket Time Limit: 예약 후 일정 시점까지 발권을 안 했을 경우 예약이
취소되는 제한 시간

㊲ TKTG: Ticketing, 발권

Memo

여행지의 경고 표지판 이해

경고 표지판(Warning sign)은 일상생활에서 조심하거나 삼가도록 미리 주의를 주기 위하여 표시를 해놓은 일종의 판(Board)을 말합니다. 일반적으로 우리는 교육과 학습을 통해 이러한 표지판의 의미를 알고 있으나 나라에 따라 경고나 주의를 표시하는 방법이 조금씩 다르므로 여행지의 표지판 등을 미리 익혀놓으면 안전하고 편하게 여행을 즐길 수 있습니다. 특히 현지에서 산길을 걸을 때나 도시 주변에서 밤길을 걸을 때, 그리고 낯선 도로에서 자동차 운전을 할 때 경고 표지판을 주의깊게 살펴보면서 안전한 여행을 하시기 바랍니다.

다음은 우리가 해외여행을 할 때 흔히 볼 수 있는 경고 표지판의 문구들입니다.

① Beware of Dog: 개 조심

② Beware of Falling Rocks: 낙석 주의

③ Beware of Snakes: 뱀 조심

④ Fire Hazard: 화재 위험

⑤ Deep Water: 물이 깊음

⑥ Flash Photography Prohibited: 플래시 촬영 금지

⑦ Keep Out: 관계자외 출입 금지 (= Employees Only)

⑧ Keep Off the grass: 잔디밭 출입 금지

⑨ No Vehicles: 차량 통행 금지

⑩ Out of Order: 고장

⑪ Parking Prohibited: 주차 금지

⑫ Road Closed Temporarily, Detour: 임시 통행차단이니 우회하시오

⑬ Smoking Prohibited: 흡연 금지

⑭ Slippery When Wet: 우천 시 미끄럼 주의

⑮ Trespassers Will Be Prosecuted: 무단 침입 시 고발 조치함

⑯ Under Construction: 공사 중

⑰ Under Repair: 보수 중

⑱ Watch Your Head: 머리 조심

⑲ Watch Your Step: 발 조심

⑳ Wet paint: 페인트칠 주의

제2장

설레는 여행영어 에세이

장자제 파노라마에 넋을 잃다, 중국

중국의 대표적인 여행 도시, 영화 '아바타(Avatar)'의 촬영지, 후난 성 북서부에 자리 잡은 세계자연유산, 장자제(Zhangjiajie National Forest Park)를 향해 버스를 타고 신나게 달립니다. 창사시에서 네 시간만에 도착한 장자제는 한겨울임에도 조금 음산하지만 온화한 기운이 돌고 고개를 들어 주변 산봉우리들을 둘러보니 벌써 놀랍고 신비롭기만 합니다.

삼백여 미터 높이의 빠른 속도로 올라가는 듯한 엘리베이터를 타고 정상에 올라 바라본 장자제 세계는 기묘한 산봉우리에 걸터앉은 안개구름 위로 신선들이 살 것만 같은 기이한 분위기를 연출합니다. 거대한 암석 봉우리들의 절벽에는 늘푸른 소나무와 다양한 식물들이 눈비, 바람, 서리를 이겨내며 군건한 기상(Strong spirit)을 보여주는 듯합니다.

특히 세계에서 가장 높은 곳에 있는 유리 다리는 삼백 미터 높이의 절벽에, 길이로는 사백여 미터를 잇고 있어 투명 판유리로 된 둘레길 바닥을 조심조심 걸으며 신비하게 펼쳐진 경치를 마음껏 감상합니다. 하지만 저 높이 걸쳐진 다리를 거닐 때 강심장이 아니고서는 아찔아찔한 순간들을 이겨내기가 어려울 것 같은 기분입니다.

산림공원 정상의 나뭇가지 위엔 눈이 켜켜이 쌓여 아름답고 평온한 겨울 분위기를 자아내며 새들의 즐거운 노랫소리, 얼굴에 스쳐지나가는 신선한 바람 소리에 뭔지 모를 행복(Happiness)을 가슴에 담아봅니다. 장자제는 걸음걸음 가는 곳마다 자연이 만든 신비한 경관을 이루고 있어 과거와 현재가 혼재하는 듯한 무릉도원, 감탄사만 절로 나오는 잊지 못할 추억의 여행지입니다.

예문 1

Travelers enjoy the fastest Bailong Elevator from the foot to top of the mountain and also the longest glass bridge in the world.

> * Bailong Elevator: 백룡 엘리베이터, 중국 장자제의 우링위안 지역의 절벽에 설치된 326m 높이의 엘리베이터

해석 1

여행자는 발아래에서 산 정상까지 세상에서 가장 빠른 백룡 엘리베이터를 타고 가장 기다란 유리 다리를 걷습니다.

The local restaurant gained amazing popularity through word-of-mouth from travelers.

* popularity: 인기 (= public interest, fashion, hit), 유명세 (= fame) ⑱ popular (↔ unpopular)
* word-of-mouth: 입소문의, 구전의 (ex. word-of-mouth marketing, 구전 마케팅), 구두의 (= oral)

해석 2

현지 음식점은 여행자의 입소문을 타고 놀라울 정도의 유명세를 얻었습니다.

예문 3

The mountains in Zhangjiajie are majestic and awe-inspiring.

* majestic: 장엄한, (경치, 건물 등이) 웅장한, (사람이) 위엄 있는, 매우 훌륭한, 아주 인상적인
* awe-inspiring: 경외심을 불러일으키는, 경외심을 느끼게 하는

해석 3

장자제의 산들은 장엄하고 경외심을 불러일으킵니다.

The trails in Zhangjiajie offer stunning views of the surrounding landscapes.

* stunning views: 멋진 풍경, 근사한 조망, 굉장히 예쁜 풍경

해석 4

장자제의 산책로는 주변 경관의 멋진 풍경을 선사합니다.

Memo

비엔나 여행, 오스트리아

오스트리아(Austria)의 북동쪽 도나우(Donau) 강변에 위치한 수도 비엔나의 한 호텔에 짐을 풀어놓고 워킹 투어(Walking tour)를 시작했습니다. 기온은 높은 편이었지만 시원한 바람이 불어 시내를 둘러보는 데는 안성맞춤이었습니다. 과거와 현재가 공존하는 비엔나 거리는 퇴근길 오후임에도 붐비지 않았고 주변에는 오랜 주거용 건물이 겨울 추위에 대비해서인지 조금 답답하게 들어서 있습니다.

설레는 유럽 여행의 첫 일정으로 세계에서 가장 아름답고 화려한 궁전 중 하나인 쇤부른 궁전(Schoenbrunn palace, 쇤부른은 '아름다운 샘물'을 뜻함)을 방문하였습니다. 방이 무려 1,441개나 된다는 궁전 안에는 호화로운 황금 장식, 큼직한 거울, 크리스털 샹들리에(Crystal chandeliers) 등을 갖추고 있어 합스부르크 시대의 왕족들이 얼마나 화려한 생활을 했는지 짐작할 수 있습니다.

합스부르크 왕가(House of Habsburg)의 여름 별장인 쇤부른 궁전은 바로크 양식(Baroque)의 건축물로 여섯 살 난 볼프강 아마데우스 모차르트(Wolfgang Amadeus Mozart)가 궁전에 초대받아 마리아 테레지아 여제(Empress Maria Theresia)를 위해 피아노를 연주했던 거울의 방(Hall of mirrors)으로도 유명합니다.

궁전 내의 정원은 수 놓은 듯 아름답다 하여 자수 정원이라고도 불리며, 자연에 맞추지 않고 인간을 위해 계획적으로 조성된 정원으로 알려져 있습니다. 다채롭고 아름답게 잘 가꾸어진 꽃 정원은 신비한 균형을 갖추고 있으며, 정원의 그늘진 가로수 길을 걸으며 사색을 즐기는 맛이 너무 신선했습니다.

다음 날 시내 중심에 있는 비엔나의 상징이자 혼이 담긴 고딕 양식(Gothic)의 건물, 성 슈테판 성당(St. Stephen's Cathedral)에 들렀습니다. 대성당의 높다란 탑 높이는 최대 137m를 자랑하고 있으며, 내부는 25만 개의 화려한 색상을 가진 모자이크 건축 재료들이 조화롭게 자리 잡고 있습니다.

Heuriger is a traditional Viennese dish in which a variety of meat dishes, sausages, potatoes, cheese, and cabbage are served with wine.

* traditional Viennese dish: 전통적인 비엔나 요리, 비엔나 음식

해석 1

호이리게는 와인에 다양한 고기 요리와 소시지, 감자, 치즈, 양배추가 제공되는 비엔나의 전통 음식입니다.

The name Schoenbrunn (meaning "beautiful spring") has its roots in an artesian well from which water was consumed by the court.

* artesian well: 자분정, 즉 자연적 수압에 의해 지하수가 스스로 분출되는 샘을 말함
* have one's roots in: ~에 기원을 두다, 뿌리를 두다

Schoenbrunn이라는 이름은 "아름다운 샘물"을 의미하며, 이는 궁정에서 소비되었던 지하수 우물에 기원을 두고 있습니다.

예문 3

The most important religious building in Vienna, St. Stephen's Cathedral has borne witness to many important events in Habsburg and Austrian history and has, with its multi-coloured tile roof, become one of the city's most recognizable symbols.

* bear witness to: ~을 목격하다, ~의 증거를 지니다, ~을 증명하다
* recognizable: 쉽게 알아볼 수 있는, 인식할 수 있는, 몡 recognition 동 recognize

해석 3

비엔나에서 가장 중요한 종교 건물인 성 슈테판 대성당은 합스부르크와 오스트리아 역사에서 중요한 많은 사건들을 목격해 왔으며, 다채로운 타일 지붕을 가지고 있어 이 도시의 가장 잘 알려진 상징물 중 하나가 되었습니다.

잘츠부르크 여행, 오스트리아

'소금성'이란 뜻의 잘츠부르크(Salzburg)는 인근의 소금 광산에서 채취한 소금을 잘차흐강(the Salzach River)을 통해 운반할 때 통행세를 받으면서 발전한 도시로 알려져 있으며, 유네스코(UNESCO) 세계문화유산으로 등재된 도시입니다. 작곡가 모차르트(Mozart)와 지휘자 카라얀(Karajan)의 출생지이기도 한 잘츠부르크는 영화 '사운드 오브 뮤직(the Sound of Music)'의 촬영지로 유명하며, 알프스(the Alps)와 가까워 트레킹과 스키 등 스포츠 활동의 중심지로 알려져 있습니다.

또한 축제의 도시로 널리 알려진 잘츠부르크에서는 사계절에 걸쳐 열리는 페스티벌(Festival)을 볼 수 있으며, 모차르트의 고향이라 그런지 고전 음악에 국한된 축제만이 아니라 오페라와 연극, 무용, 문학 등 다양한 예술 공연이 열리고 있습니다. 특히 바로크 양식(Baroque)인 미라벨 궁전 정원(Mirabell Gardens)의 벤치에 앉아 따사로운 커피를 마시며 형형색색의 꽃들을 바라보고 있노라면 저절로 여유롭고 힐링이 되는 순간입니다.

예문

For countless centuries, Salzburg's main artery, the Salzach River, has forged its way through the heart of the historical district. The colorful array of opportunities along its banks never fail to lure locals and visitors alike - whether simply for a leisurely stroll, a fascinating river cruise, or mouthwatering culinary experiences.

* forge one's through: ~을 뚫고 나아가다, (열악한 환경 등)을 헤쳐나가다
* colorful array of: 형형색색의, 다양한 (= variety of, various), 여러 가지의
* lure: 매혹 (= attraction, charm), 매력, 유혹하다 (= entice, attract, tempt)
* mouthwatering: (음식, 냄새 등이) 군침이 돌게 하는, 매우 흥미로운
* culinary: 요리의 (ex. culinary art, 요리법), 요리법의, 조리의, 음식의

해석

수 세기 동안, 잘츠부르크의 주요 동맥인 잘차흐강은 역사적인 지역의 중심부를 통과하고 있습니다. 단지 한가롭게 산책을 하거나 매혹적인 강 유람선을 타거나 군침이 도는 요리 경험을 하든, 강변을 따라 펼쳐지는 다양한 기회들은 지역 주민과 방문객을 유혹하는 데 아무런 부족함이 없습니다.

할슈타트 여행, 오스트리아

　오스트리아 잘츠카머구트(Salzkammergut) 지역에 위치한 호수 마을로 알려졌으며 유네스코 세계문화유산으로 지정된 곳, 아름다운 호숫가에서 자연과 인간이 함께하는 이곳, 할슈타트(Hallstatt) 여행을 그려봅니다.

　호숫가에서 유람선을 타자마자 이곳 할슈타트는 탁 트인 풍경에 아름다운 산, 수정 같은 호수, 청명한 하늘이 어우러져 문자 그대로 동화 속의 호수 마을과 같은 아름다운 절경을 뽐내고 있습니다. 잔잔한 호수 위에 떠다니는 신선한 공기를 마시고 호숫가에 떠 있는 물안개를 보노라면 정녕 우리가 사람인지 신선인지 의아한 기분을 느끼게 합니다.

　오스트리아에서 가장 신비롭고 아름답다는 여행지로 알려진 할슈타트 마을은 수많은 관광객들이 찾고 있는 지상 낙원(Paradise on earth)인가 봅니다. 결국 이곳의 전경은 호수 산자락에 평화로이 펼쳐진 마을에서 행복하게 살고 싶은 마음이 저절로 나오게 합니다.

예문 1

Lake views and charming small houses make Hallstatt a picturesque village.

* charm: 매력, 매혹, 정취, ~을 사로잡다, ~을 매료시키다, 매혹하다 (= fascinate)
* picturesque: (풍경 등이) 그림 같은, (말, 이야기 등이) 생생한, (인물 등이) 인상적인

해석 1

호수 경관과 매력적인 작은 집들은 할슈타트를 그림 같은 동네로 만듭니다.

예문 2

You can immerse yourself in a magical realm of glistening salt crystals and mysterious mine tunnels, where history comes alive.

* immerse in: ~에 몰두하다 (= engage in), 열중하다, 빠져들다 (= indulge in)
* glisten: (이슬, 빛, 땀, 눈물 등)으로 반짝거리다 (= twinkle, glitter, sparkle), 빛나다 (= shine)

해석 2

당신은 반짝이는 소금 결정, 신비한 광산 터널 등 역사가 살아 있는 매혹적인 영역에 빠져들 수 있습니다.

융프라우요흐 여행, 스위스

스위스 융프라우요흐(Jungfraujoch)는 4,000미터 정도의 봉우리들 사이에 있는 산마루(Mountain ridge)로 유럽에서 가장 높은 기차역을 운영하고 있을 뿐만 아니라 만년설(Ice caps)과 얼음 궁전(Ice palace)이 있는 곳으로도 잘 알려져 있습니다.

제일 아래 역인 인터라켄(Interlaken)에서 설레는 마음을 안고 일행과 함께 융프라우요흐행 열차를 타고 정상을 향해 올라가는데, 형형색색 예쁜 야생꽃들과 푸릇푸릇한 목초밭, 그리고 평화로운 집들이 보기 좋게 널려 있습니다. 그뿐만 아니라 산허리에는 울긋불긋한 단풍으로 물들어 있고, 그 위로는 눈바람 몰아치는 겨울 날씨를 감상할 정도로 고도(Altitude)에 따라 펼쳐지는 아름다운 경관은 자연의 신비 그 자체였습니다.

예문 1

Jungfraujoch railways take you up to the top of the Jungfrau, one of the highest mountains in the Alps.

* take one up to: (사람, 물건을) ~까지 데려다주다, 옮기다, 가져가다

해석 1

융프라우요흐 철도는 알프스에서 가장 높은 산 중 하나인 융프라우 정상 부근까지 여러분을 데려다줍니다.

예문 2

We can enjoy perfect snow and crisp, sunny days in the Swiss town of Interlaken, at the base of Jungfraujoch massif.

* crisp: (날씨, 공기 등이) 맑고 상쾌한, (화상, 소리 등이) 선명한, 아삭아삭한
* massif: 대산괴, 단층지괴, 산괴, 즉 암석의 큰 덩어리

해석 2

우리는 융프라우요흐 마시프 기슭에 있는 스위스의 인터라켄 마을에서 완벽한 눈과 상쾌하고 화창한 날을 즐길 수 있습니다.

We took a break at the top restaurant of Jungfraujoch and enjoyed a delicious meal while gazing at the stunning views.

* **gaze at**: ~을 바라보다 (= look at), 응시하다 (= stare at)

해석 3

융프라우요흐의 정상 레스토랑에서 휴식과 함께 멋진 풍경을 바라보며 맛있는 식사를 즐겼습니다.

Memo

하이델베르크 여행, 독일

    독일 서남부에 위치한 하이델베르크(Heidelberg)는 독일 라인강의 지류인 네카르강변의 대학 도시이자 관광 도시입니다. 1386년에 설립된 하이델베르크 대학은 독일에서 가장 오래된 학교이며, 특히 과학과 의학 부문에서 경쟁력을 갖추고 있습니다. 독일 학생들은 수업 시간에 질문과 토론이 습관화되어 있고 강의실의 문은 누구나 들어올 수 있게 항상 열려 있으며, 교수의 출석 확인도 없지만 학생들 스스로 수업에 충실히 참여한다고 합니다.

    칼 테오도르 다리 주변 지역은 현대적인 건축 양식과 전통적인 것의 조화로 그림 같은 풍경을 실컷 뿜어내고 있습니다. 독일의 철학자 칸트가 점심시간에 자주 걷던 칼 테오도르 다리와 유유히 흐르는 강물, 그리고 시민들의 밝은 모습을 보니 독일 문화의 자긍심, 당당함, 자유로움을 느낄 수 있었습니다.

예문 1

Heidelberg is a scientific hub in Germany and home to several internationally renowned research facilities adjacent to its university.

* renowned: 유명한, 명성있는 (= celebrated, noted) 몡 renown
* adjacent to: ~에 인접한 (= contiguous to), ~ 부근의

해석 1

하이델베르크는 독일의 과학 중심지이며, 대학의 주변에 국제적으로 유명한 여러 연구 시설이 있는 곳입니다.

예문 2

The city has been a hub for the arts, especially literature, throughout the centuries, and it was designated a "City of Literature" by the UNESCO Creative Cities Network.

* be designated: 지정되다, 임명되다 (= be nominated, be appointed), 지명되다
* UNESCO Creative Cities Network: 유네스코에서 정한 기준에 따라 세계 도시 가운데 창의성이 뛰어난 도시를 선정하는 제도. 즉 문학, 음악, 민속 공예, 디자인, 영화, 미디어, 음식의 7개 분야로 나누어 선정되며, 뛰어난 창의성으로 인류 문화 발전에 기여하는 도시를 선정

해석 2

이 도시는 수 세기에 걸쳐 예술, 특히 문학의 중심지이며, 유네스코 창의 도시 네트워크에서 "문학의 도시"로 지정했습니다.

라인강 여행, 독일

독일의 상징, 라인강(the Rhine River)의 중부 라인은 풍경이 아름다운 지역으로, 강 유역을 따라 잇달아 나타나는 옛 성(Castle)과 끝없는 포도밭(Vineyard)을 비롯하여 하이네(Heine)의 시로 유명한 '로렐라이의 바위(Lorelei rock)' 등 세계인에게 널리 알려진 관광 코스입니다.

라인강변의 한편은 자동차 도로, 철로, 아름다운 휴양용 주택 지역으로 동화 속 그림처럼 펼쳐져 있고 다른 한편은 백포도주의 생산지로서 광활한 포도원을 이루고 있어 인간과 자연의 조화 그 자체임을 알 수 있습니다. 특히 라인강변을 따라 끝없이 펼쳐진 산자락(Hillside)에서 생산되는 포도로 만든 술, 백포도주의 시음(Sampling wine)은 한순간 여행객의 입맛을 돋우어줍니다.

It is worth traveling to the place which has the strength of Germany who achieved the Miracle of the Rhine River.

* be worth ~ing: ~할 만하다, ~할 가치가 있다 (= be worth one's while)

해석 1

라인강의 기적을 이룬 독일의 힘을 갖춘 지역으로 여행하는 것은 가치가 있습니다.

Lorelei, Siren of Germanic mythology, of great beauty sat on a rock on the Rhine River and seduced the navigators with her delicious song.

* siren: 요정, 요부, 경보기, 사이렌, 달콤한 유혹 (= a siren call)
* seduce: ~을 유혹하다, 부추기다 (= entice), 꼬드기다, 꾀다

해석 2

독일 신화의 요정, 아름다운 로렐라이는 라인강의 바위 위에 앉아 감미로운 노래로 뱃사람들을 유혹했습니다.

스트라스부르 여행, 프랑스

스트라스부르(Strasbourg)는 프랑스의 동북부 지역에 자리 잡아 라인강(the Rhine river)과 가까운 국제 도시이자, 2000년 이상의 긴 역사를 간직한 프랑스 제2의 도시로 프랑스와 독일의 경계에 위치해 있습니다. 또한 스트라스부르는 프랑스와 독일 문화가 혼재되어 있어 수세기 동안 두 나라 사이의 문화적 가교 역할을 하고 있는 도시로 알려져 있습니다.

특히 붉은 사암으로 지어진 스트라스부르 노트르담 대성당은 고딕, 로마네스크 등 다양한 건축 양식의 특징을 보이고 있어 균형과 조화, 섬세함을 자랑하고 있습니다. 400여 년에 걸쳐 완성한 노트르담 대성당 주변은 오래된 주택들이 보통 이상으로 밀집되어 있어 왠지 모르게 평화롭고 안정된 분위기도 연출하고 있습니다.

The vibe you get as you go around Strasbourg is an charming mix of countryside hospitality and cosmopolitan, multicultural lifestyle.

* vibe: (장소, 사람 등의) 분위기, 느낌 (ex. have good vibes about, ~에 대한 느낌이 좋다), ~에 영향을 주다, (감정 등을) 발산시키다
* hospitality: (고객 등에) 환대, 따뜻한 대접, (음식, 서비스 등을 제공하는) 접대, (호텔, 음식점 등의) 접객

해석 1

당신이 스트라스부르를 돌아다닐 때 느끼는 분위기는 시골의 환대와 국제적이며 다문화적인 생활 방식의 매력적인 조합입니다.

예문 2

The Cathedral of Notre Dame in Strasbourg, sitting in the heart of the old city, is not only a very famous Gothic architectural style cathedral in Europe, but also one of the most important medieval historical buildings in Europe.

* Gothic architectural style cathedral: 중세 유럽에서 발전한 고딕 건축 양식의 특징을 갖춘 성당
* medieval: 중세의, 중세풍의, 중세 시대의, 시대에 뒤떨어진, 구식의

해석 2

오래된 도시의 중심에 위치한 스트라스부르의 노트르담 대성당은 유럽에서 매우 유명한 고딕 건축 양식의 성당일 뿐만 아니라 가장 중요한 중세의 역사적인 건축물 중 하나입니다.

<u>Memo</u>

덴마크 국민이 행복한 이유

　많은 국제 조사에서 덴마크를 세계에서 가장 행복한 나라 중 하나로 자주 선정하고 있어 세계 사람들에게 많은 관심을 불러일으키고 있습니다. 덴마크가 설문조사에서 좋은 성과를 내는 주된 이유 중 하나는 탄탄한 복지 제도로, 그것이 국민의 불확실성, 걱정, 스트레스 등을 줄여주기 때문인 것으로 나타났습니다.

　사실 제대로 된 복지 제도는 시민의 불행을 줄이는 데 큰 기여를 하고 있으며, 특히 보편적이고 무료인 의료, 대학 교육, 그리고 상대적으로 관대한 실업 수당은 불행을 줄이는 데 큰 도움이 된다고 합니다. 또한 덴마크에는 국민, 기업, 정부, 시민단체 간에 높은 수준의 신뢰가 자리 잡고 있습니다. 예를 들어 부모가 건물 안에서 커피를 마시고 있을 때에도 다른 다람들이 카페 밖에 있는 모든 유모차를 주목하고 있다는 것입니다.

예문 1

During Denmark's short and often unreliable summers, hygge is centred around Danish summer houses, where Danes tend gardens and throw big lunch or dinner parties that feature delicious locally-grown strawberries.

* hygge: 아늑하고 기분 좋은 상태를 의미하며, 소박한 일상을 중시하는 덴마크의 생활 방식임

해석 1

덴마크의 짧고 종종 불안정한 여름 동안, 휘게는 덴마크 여름 별장을 중심으로 이루어집니다. 그곳에서 덴마크 사람들은 정원을 가꾸고 현지에서 재배한 맛있는 딸기 등으로 풍부한 점심 또는 저녁 파티를 엽니다.

예문 2

Several factors influence why some people and countries are happier than others - genetics, relationship, health, income, job, sense of purpose and freedom.

해석 2

유전, 인간관계, 건강, 소득, 직업, 목적의식, 그리고 자유와 같은 몇 가지 요인이 일부 국민과 국가가 다른 국민과 국가보다 왜 더 행복한지에 영향을 미치는 것입니다.

예문 3

Happiness consists more in small conveniences or pleasure that occur every day than in great pieces of good fortune that happen but seldom.

- Benjamin Franklin

해석 3

행복은 일어나지만 좀처럼 일어나지 않는 큰 행운들보다는 매일 일어나는 작은 편의나 즐거움에 있다.

Memo

한국과의 형제 관계, 덴마크

한국인에게 안데르센(Andersen), 그룬트비(Grundtvig), 레고(Lego), 국제도시 코펜하겐(Copenhagen) 등으로 잘 알려진 덴마크(Denmark)는 한반도의 1/5에 불과한 국토와 590만여 명의 인구를 가진 나라이지만 세계에서 가장 큰 섬인 그린란드(Greenland)와 수산자원이 풍부한 페로제도(Faroe Islands)를 자치령으로 두고 있는 나라이기도 합니다.

투명하고 평등한 사회로 알려진 덴마크는 복지, 재생 에너지, 환경, 노사 관계, 개발 협력 등의 분야에서 세계 최고 수준의 시스템을 갖추고 있습니다. 그뿐만 아니라 덴마크는 세계에서 가장 행복한 국가 중 하나로 평가되고 있으며, 제약, 물류, 식품, 디자인, 생명공학, 디자인, 기계, 화학 등의 분야에서 최상의 제품과 서비스를 제공하는 강소국가입니다.

한국과 덴마크 간 교류의 역사는 1902년에 체결된 우호통상조

약(Friendship, Trade, and Sea-trade Treaty)까지 거슬러 올라갑니다. 한국전쟁 중에는 유엔 회원국 중 가장 먼저 병원선 유틀란디아호 (Jutlandia)를 파견해 UN 병사들뿐만 아니라 한국의 민간인을 치료해주었습니다.

덴마크와 1959년 외교관계 수립 이래 양국은 다양한 분야에서 교류 협력을 발전시켜왔으며, 특히 지난 2011년 체결(Green Growth Convention)된 양국 간 전략적 동반자관계는 2021년 서울 P4G 정상회의를 통해 글로벌 녹색 성장을 위한 전략적 동반자관계로 격상되었습니다.

※ P4G: 녹색 성장과 글로벌목표 2030을 위한 연대(Partnering for Green Growth and the Global Goals 2030)의 회원국이 2년마다 번갈아 여는 정상회의로, 정부 기관과 기업, 시민사회 등 민간 부문이 파트너로 참여해 기후변화에 대응하고 지속 가능한 발전 목표를 달성하려는 세계적인 협의체

지난 한 세기 이상 이어진 한국과 덴마크 간 우정과 협력의 정신에 기반하여 양국은 재생에너지 등 녹색 성장 분야를 비롯하여 생명과학, 의료 보건, 기술 혁신 등 다양한 분야에 걸쳐 전략적 동반자로서의 협력을 더욱 강화해나가고 있습니다.

예문 1

The Utlandia Exhibition Center serves as a learning space where future generations of both countries can learn about the deep-rooted friendship between Korea and Denmark.

* serve as: ~의 역할을 하다, ~로 봉사하다, 근무하다
* deep-rooted friendship: 뿌리 깊은 우호적 관계 (= deep-rooted amicable relationship)

해석 1

유틀란디아 전시관은 양국의 미래 세대가 한국과 덴마크의 뿌리 깊은 우호관계에 대해 배울 수 있는 학습의 장이 되고 있습니다.

예문 2

The cleantech sector is boosted by Denmark's ambitious goal of having its energy supply entirely powered by renewable sources by 2050.

* be boosted by: ~이 활성화되다, 북돋아지다, 탄력을 받다, 증대되다, 힘을 받다
* renewable source: 재생 자원, 재생 공급원, 재생 가능 자원

청정 기술 분야는 2050년까지 재생 자원의 발전을 통해 에너지를 전량 공급받는다는 야심찬 목표에 의해 힘을 받고 있습니다.

Memo

덴마크 주요 관광지

덴마크 여행의 일정은 휴가 기간이나 목적지 등 여행자의 개별적인 계획에 따라 달라질 수 있으나, 일반적으로 덴마크를 방문하는 여행자는 다음과 같은 주요 관광지를 고려해볼 수 있습니다. 덴마크의 수도인 코펜하겐(Copenhagen)에는 바이킹 박물관, 티볼리 공원(Tivoli Gardens), 국립 수족관, 식물원, 미술관, 놀이 공원, 시청 광장, 작은 인어상(The Little Mermaid), 뉘하운(Nyhavn) 거리 등의 관광 명소(Tourist attractions)가 있습니다.

유틀란트(Jutland) 반도의 동쪽 해안에 위치한 오르후스(Aarhus)는 대학 도시로서 젊은이들의 활기를 느낄 수 있으며, 세계적 수준의 미술관, 박물관 등에서 덴마크의 풍부한 문화와 역사를 경험해볼 수 있습니다. 오덴세(Odense)는 덴마크 남부 퓐(Fyn) 섬의 항구도시로 궁전과 정원, 안데르센 박물관과 생가, 동물원으로 유명하며 성당 등 역사적인 건물을 둘러보며 도시의 아름다움을 즐길 수 있습니다.

덴마크 여행자는 보통 코펜하겐을 중심으로 다른 도시나 목적지를 방문하는 것이 일반적인 경로이지만, 여행 계획을 세울 때 여행 기간, 예산, 관심사, 날씨, 계절 등을 고려하여 여행 일정을 조정하면 기대 이상의 즐거운 여행이 될 것입니다.

예문 1

We walked around Nyhavn, a charming harbor area with colorful buildings and boats.

해석 1

우리는 알록달록한 건물과 보트가 있는 매력적인 항구 지역, 니하운을 산책했습니다.

예문 2

A large statue of the artist, Andersen, stands at Copenhagen's town hall square.

* statue: 조각상, 상 (= the Statue of Liberty, 자유의 여신상)

해석 2

코펜하겐 시청 광장에는 예술가인 안데르센의 거대한 조각상이 세워져 있습니다.

We visited the Rosenborg Castle, a beautiful royal palace with rich history.

해석 3

우리는 풍부한 역사를 가진 아름다운 왕궁인 로젠보르 성을 방문했어요.

Denmark's second city, Aarhus, is at the center of a modern, active, and creative region, the Aarhus Region, which holds never-ending possibilities regardless of whether you are looking for an active holiday, beautiful scenery, or a vibrant big-city atmosphere.

* never-ending: 끝없는, 끝날 것 같지 않은, 끊임없는, 네버엔딩
* regardless of: ~에 관계없이, ~에 구애받지 않고, ~에 관계없이 (= without regard to)

덴마크의 두 번째 도시인 오르후스는 현대적이고 활동적이며 창의적인 지역인 오르후스 지역의 중심에 있으며, 이 지역은 여러분이 활동적인 휴일, 아름다운 경치 또는 활기찬 대도시 분위기를 찾고 있든 상관없이 끝없는 가능성을 가지고 있습니다.

예문 5

Andersen was born in 1805 in Odense, 170 kilometers west of Copenhagen.

해석 5

안데르센은 1805년 코펜하겐에서 서쪽으로 170킬로미터 떨어진 오덴세에서 태어났습니다.

외국인 가정 방문

외국 여행 중에 외국인 친구나 거래처 직원의 가정을 방문하여 저녁 식사를 즐길 기회가 종종 있습니다. 그들의 가정을 방문할 때 모임의 분위기를 화목하게 하기 위해서는 날씨, 문화, 음식, 여행 등의 일상적인 소재를 선택하여 대화를 해야 하며, 특히 정치, 종교, 개인 신상, 소득, 인종차별 등을 대화의 소재로 삼으면 예의에 어긋남을 알아야 합니다.

특히 상대방에게 민감한 문제를 묻지도 않았는데 의도적으로 그런 이야기를 먼저 꺼낸다면 그들에게 매우 불쾌한 인상을 줄 수 있으니 이 점에 유의해야 하겠습니다. 따라서 상대방의 기분을 언짢게 할 수 있는 이야기를 삼가야 하며 즐거운 분위기에서 정중하고 솔직하게 대화를 이어나가길 바랍니다.

A: Do you like it here?

B: Yes, it's really attractive. Especially, this weather is great.

A: What kind of food do you like here?

B: I like Egg Benedict. Then I heard you like Korean dishes.

A: Yes. I love Korean dishes.

B: What is your favorite?

A: Kimchi-jjigae, namely Kimchi stew.

B: Is there anything you want to say before we drink?

A: Yes, I'd like to make a toast.

B: Great! Go ahead.

A: May we work and live happy!

B: Cheers!

(After a while)

B: It is the most delicious food I've ever had.

A: It is? I didn't expect you to like it so much. You should come again.

B: Of course, I should. Next time you come to Korea, I will treat you to a meal.

A: Okay, I like to eat Korean food.

* **egg benedict**: 에그 베네딕트, 즉 잉글리시 머핀 위에 햄이나 베이컨, 수란을 얹고 홀란다이즈 소스를 뿌린 요리로 미국의 대표적 샌드위치 중 하나임
* **favorite**: 똉 가장 좋아하는 것(음식, 물건, 사람) 쪵 가장 좋아하는, 제일 마음에 드는
* **make a toast**: 축배를 들다, 건배하다 (= toast, have a toast, drink a toast)

해석

A: 여기가 마음에 드십니까?

B: 네, 정말 매력적이에요. 특히 날씨는 정말 좋습니다.

A: 여기의 어떤 음식을 좋아하세요?

B: 저는 에그 베네딕트를 좋아해요. 한국 음식을 좋아한다고 들었습니다.

A: 네, 저는 한국 음식을 좋아해요.

B: 가장 좋아하는 음식은 뭔가요?

A: 김치찌개요.

B: 술 마시기 전에 하고 싶은 말 있어요?

A: 네, 축배를 들고 싶어요.

B: 좋아요! 어서 하세요.

A: 우리가 행복하게 일하며 살아가기를!

B: 건배!

　[잠시 후]

B: 제가 먹어본 음식 중에 제일 맛있어요.

A: 그래요? 당신이 그렇게 좋아할 줄은 몰랐어요. 또 오세요.

B: 물론이죠. 꼭 갈게요. 다음에 한국에 오시면 제가 식사를 대접할게요.

A: 네, 저는 한국 음식을 좋아해요.

문화의 거리, 인사동

꽃샘추위로 차가운 바람이 건물들 사잇길로 스며드는 봄날 오후, 든든한 옷차림으로 친구들과 함께 한국의 대표적인 전통문화의 거리, 서울 인사동(Insadong) 주변을 둘러봅니다. 입구에 들어서자 한국의 전통문화를 체험하기 위해 찾아든 외국인 관광객들이 삼삼오오 모여 호기심 어린 눈으로 골동품들(Antiques)을 살펴보고, 설탕과 호두가루가 섞인 꿀타래(Cotton candy)를 먹으며 즐겁게 얘기를 나누고 있습니다.

인사동 주변은 국내외 관광객이 가장 많이 찾는 명소 중의 하나로 먹거리, 즐길거리, 볼거리가 가득하고 시민들에게 편안한 휴식을 제공하는 복합문화 공간으로 알려져 있습니다. 인사동은 한국 최초의 전통문화 특화지구로 선정된 이후 골동품점, 화랑, 공예품점, 전통음식점, 전통찻집 등이 밀집된 '길거리 박물관(Roadside museum)'으로 변했습니다.

또한 인사동 일대는 그 옛날 3·1 독립운동의 대표적인 본거지로 태화관과 승동교회, 표지석, 필방 등 많은 유적이 분포된 역사적인 장소임을 탐방한 이후에야 알게 되었습니다.

예문

A: Insadong is a narrow road with antique shops, craft shops, small galleries, and Korean traditional restaurants. Let's look around briefly.

B: Insadong is a really fascinating place. The old and the new coexist.

A: Especially, there are many traditional handcrafts in Ssamzie-gil.

B: These traditional masks are very unique and ornaments are very impressive.

A: Do you want to buy some souvenirs?

B: I'll take this traditional accessory.

A: It's good.

---

* look around: (상품, 장소 등을) 둘러보다 (= look round), 여기저기 알아보다 (= look about)
* coexist: (다양한 조직, 사물 등이) 공존하다, 동시에 존재하다
* ornament: 장식품, 장신구, 장식품과 같은 존재, 장식

A: 인사동은 골동품이나 공예품 가게, 작은 화랑, 한국 전통 음식점들이 있는 좁은 길입니다. 잠시 둘러보시죠.

B: 인사동은 정말 매력적인 곳이네요. 전통과 현대가 공존하네요.

A: 특히 쌈지길에는 전통 공예품들이 많이 있어요.

B: 이 전통 가면은 매우 독특하고 장식품도 매우 인상적입니다.

A: 기념품을 사고 싶으신가요?

B: 이 전통 액세서리로 할게요.

A: 좋네요.

<u>Memo</u>

조선 왕조의 상징물, 경복궁

　경복궁(Gyeongbokgung palace)은 1395년, 조선의 왕인 이성계가 한양(옛 서울)으로 수도를 옮긴 후 가장 먼저 지은 궁궐로, 왕이 머물면서 신하들과 나랏일을 돌보던 곳입니다. 조선의 오백 년 역사를 간직한 경복궁은 임진왜란 때 대부분의 건물들이 불에 타 없어졌으나 1865년 고종 때 흥선대원군에 의해 다시 건축되었습니다. 경복궁이란 이름은 정도전이 지었다고 알려져 있으며, 새로운 나라, 이름하여 조선이 '오랫동안 복이 있기를' 바라는 마음이 담겨 있다고 합니다.

　많은 국내외 관광객들이 서울의 주요 관광 명소(Tourist attractions) 중 하나로 방문하는 이곳 경복궁을 둘러보니 궁궐 안에 있는 전통적인 건축물과 정원, 박물관 등이 조선시대의 역사와 문화를 이해하고 체험할 수 있는 귀중한 문화유산임을 알게 되었습니다.

Palace is not only where the royals live, but it illustrates the country as a whole in the past. Gyeongbokgung Palace is enormous, so it'll take a lot of time to look around the whole place.

* illustrate: 분명히 보여주다, ~을 예를 들어 설명하다, 예증하다 (= exemplify), 실증하다
* as a whole: 전체적으로 (= collectively), 대체적으로, 일률적으로 (= uniformly)
* enormous: 막대한 (= vast), 거대한, 매우 큰 (= immense, very big), 중대한
* look around: ~을 둘러보다, ~을 찾다 돌아다니다, 여기저기 알아보다 (= look about)

해석 1

궁전은 왕족이 사는 곳일 뿐 아니라 과거의 그 나라 자체를 보여줍니다. 경복궁은 매우 넓어서 전체를 둘러보기에는 많은 시간이 걸립니다.

Gyeongbokgung Palace shows the trials and prosperity that the Joseon Dynasty went through over a long period of time.

* go through: (고난, 시련 등을) 겪다, 경험하다(= experience), (단계, 검사, 절차 등을) 거치다
* prosperity: 번영, 번창 (= flourish), 융성, 성공 (= success), 행운 (↔ adversity)

해석 2

경복궁은 과거 오랫동안 조선 왕조가 겪었던 시련과 번영을 보여줍니다.

Memo

아름다운 광경, 도봉산

　오랜만에 도봉산에 오릅니다. 산 중턱에 이르니 아름다운 안개가 바다처럼 짙게 깔려 있습니다. 산의 중간 높이에서 펼쳐져 있는 안개 때문에 서울 도시의 전경을 전혀 볼 수 없을 정도입니다. 서울은 마치 하얀 바다처럼 보이고 주위의 산은 바다 위의 섬처럼 흩어져 있습니다. 끝없는 안개 바다를 내려보니 당장 무엇을 해야 할지 모를 정도로 그 자리에서 잠시 황홀경에 빠집니다.

　내가 보통 사람이 아니라 하늘에 사는 은둔자라고 느껴져 잠깐이나마 신비한 생각에 잠깁니다. 한순간 나는 안개 바다와 청명한 초겨울 하늘 사이에 떠다니고 있는 기분입니다. 그곳을 떠나지 못하는 동안 아름다운 광경을 사진에 담고 마음속에 차곡히 집어넣습니다. 아름다운 도봉산에서 갈등, 걱정, 경쟁 대신 신선함, 경이로움, 신비함을 느꼈으며 안개 바다 위의 세상이 아래 세상과는 완전히 다르다는 것을 알게 되었습니다.

예문 1

Upon reaching the summit of Mt. Dobongsan, you can enjoy a panoramic view of Seoul, with city lights creating a mesmerizing spectacle at night.

* mesmerize: ~을 매혹하다 (= enchant), 홀리게 하다, 넋을 잃게 하다, 황홀하게 하다

해석 1

도봉산 정상에 오르면 서울의 전경을 한눈에 볼 수 있고, 밤에는 도시의 불빛이 황홀한 광경을 연출합니다.

예문 2

This fascinating mountain provides Seoul citizens and tourists with opportunities to relax and explore, and is also a valuable place to encounter Korean history and culture.

* fascinate: 매혹하다 (= attract), 마음을 사로잡다 (= enchant)
* encounter: 만나다, (문제, 어려움 등)에 직면하다 (= come across), 봉착하다, 부딪히다, 만남, 마주침, 조우, 경험

이렇게 매혹적인 산은 서울 시민과 관광객에게 휴식과 탐험의 기회를 제공하며, 또한 한국의 역사와 문화를 접할 수 있는 소중한 곳입니다.

예문 3

We admired the stunning views of Seoul from the summit of Dobongsan.

해석 3

도봉산 정상에서 바라본 서울의 멋진 풍경에 감탄했습니다.

Memo

따뜻한 가족여행, 남이섬

날씨가 예년보다 쌀쌀하지만 그나마 쾌청한 가을날 이른 아침, 오랜만에 온 가족이 모여 설레는 마음으로 나미나라공화국(Naminara Republic), 남이섬(Nami Island) 여행을 떠났습니다. 서울에서 동쪽으로 육십여 킬로미터를 차로 달려 청평호수 위에 떠 있는 섬, 조선시대에 가장 용맹했다고 알려진 남이 장군의 이름을 딴 섬, 남이섬에 도착했습니다.

섬 정문인 드날문을 지나 주변을 둘러보니 국내외 관광객들이 삼삼오오 다니며 곳곳을 구경하고 있어 우리 가족이 오히려 다른 나라의 섬에 온 것처럼 착각하게 합니다. 쭉 뻗은 오랜 소나무 숲길을 거닐 때 들려오는 여행객들의 즐거운 얘기들과 바스락거리는 마른 솔잎들, 나뭇가지 사이로 쏟아지는 햇살, 그리고 숲 속으로 몰래몰래 들어오는 시원한 강바람은 그야말로 자연의 신비함을 자아냅니다.

두 손 모아 움켜쥔 도토리를 귀엽게도 잘 먹는 다람쥐 님, 여행객의 따뜻한 손짓에 이리저리 갸웃거리며 신나게 인사하는 타조 님, 덤불로 덮인 지붕 위에서 우아함을 뽐내는 야생 공작 님들 모두 남이섬 생활에 만족하고 있는 듯 보입니다. 나뭇잎 모양의 남이섬은 이름 모를 많은 새들과 동식물들이 인간과 함께 어우러져 즐거운 가을 축제를 여는 분위기를 연출하고 있습니다.

오래전 평상시에는 육지였다가 홍수 때만 섬이 되었다던 이곳, 남이섬이 신비한 동화 나라처럼 평화로운 자연의 품으로 영원히 돌아온 듯합니다. 바쁜 일상에서 벗어나 대자연의 아름다운 숨소리를 들으니 근심, 걱정, 불안은 온데간데없이 사라지고 나도 모르게 가슴이 벅차올랐으며, 더 나아가 '작지만 확실한 행복'을 안고 평온이 숨쉬는 우리 집으로 무사히 돌아왔습니다.

예문 1

Today, in the Nami Island, a place for rest and relaxation, human beings, animals and trees share peace, love and harmony far away from civilization.

* relaxation: 긴장 완화, 안정, 기분 전환, 편안함, 완화, (근육의) 이완

해석 1

오늘날, 편안한 휴식의 공간 남이섬에서는 인간과 동물, 나무들이 문명의 세계에서 벗어나 평화와 사랑, 화합을 나누고 있습니다.

예문 2

Nami Island is home to a variety of cultural events including exhibitions, festivals, and performances 365 days a year.

* be home to: ~의 본거지이다, 소재지이다, 고향이다
* exhibition: 전람회, 전시회 (= exhibit), (작품 등의) 전시, 발휘, 표출

해석 2

남이섬에서는 전시, 축제, 공연 등 다양한 문화행사가 365일 펼쳐집니다.

예문 3

In the afternoon, we took a leisurely stroll along the wooden boardwalks, enjoying the peaceful atmosphere.

* stroll: 산책하다 (= go for a walk), 거닐다 (= take a stroll)

해석 3

오후에는 나무 산책로를 따라 여유롭게 산책하며 평화로운 분위기를 즐겼습니다.

예문 4

Overall, our trip to the Nami Island was a perfect blend of nature, culture, and adventure.

* blend: 섞다, 혼합하다, 어우러지다, 융합하다, 혼합물, 섞임

해석 4

전반적으로 남이섬 여행은 자연, 문화, 모험이 완벽하게 어우러진 여행이었습니다.

세계인의 품으로, 청와대

　예전보다 시원하고 쾌청한 느낌의 가을날 평일 오전, 일행 네 명은 작년 5월 10일에 세계인의 품으로 돌아간 청와대(Cheongwadae, back to the people)를 둘러보았습니다. 정문을 통과하자마자 청와대 본관 건물(Main building)이 균형 잡힌 한 폭의 풍경화처럼 호기심 어린 눈에 확 펼쳐지고, 대정원(Grand garden) 주변은 평일임에도 불구하고 많은 내외국 관광객들이 여기저기 다니며 구경하고 있습니다.

　한국의 전통 건축 양식이 적용된 본관 건물의 지붕은 십오만 개의 파란 기와(Tiles)로 장식되어 있고 건물 내부는 현대적 방식(Contemporary style)의 최신 시설들로 갖추어져 있습니다. 본관 건물 2층, 대통령 집무실(Presidential office)로 가는 벽 중간쯤에는 '公心如日月(공심여일월)'이라는 글자가 옻칠한 나무판에 새겨져 있습니다. 이 작품(서예가 이기우, 1963)은 '공평한 마음은 해와 달과 같다'라는 뜻으로, 모든 국민에게 혜택이 돌아가는 공정하고 평등한 국정 운영을 기원한다는 내용을 담고 있습니다. 본관 건물 내부를 둘러보면서 당시 청와대에 근무했던 수많은 관료들이 잘사는 강한 나라를 만들기 위해 바삐 움직였을 모습이 머릿속에서 갑자기 떠오릅니다.

본관 건물을 빠져나와 안내원의 추천 경로(Suggested route)에 따라 대통령 관저(Presidential residence), 상춘재(Dignitary reception hall), 녹지원(Lawn and garden), 영빈관(State guest reception hall) 등을 두루 살펴보니 마음이 뿌듯하고 의미 있는 여행인 것 같아 청와대가 벌써 내 품에 들어온 듯합니다.

예문 1

A leader is a person who enables subordinates to demonstrate their abilities, and educes and utilizes their potential.

* demonstrate: (능력, 자질 등을) 보여주다 (= display), (연구, 실험 등으로) ~을 증명하다, (감정 등을) 표현하다, (역량 등을) 발휘하다 (= exercise)
* educe: (감성, 동정심, 잠재력, 성능, 결론 등을) 끌어내다 (= bring out, elicit)

해석 1

지도자는 부하들이 가진 능력을 발휘하게 하고, 그들의 잠재 능력을 끌어내어 활용하는 사람입니다.

Wisdom is the ability to deliberate various solutions that bring happiness to as many people as possible when faced with a problem.

* deliberate: (해결책, 방안 등을) 심사숙고하다, 궁리하다 (= contemplate, think of), 신중히 검토하다
* face with: (문제, 어려움 등에) 직면하다 (= encounter), 맞서다 (= confront), 대면하다

해석 2

지혜란 문제에 직면했을 때 가능한 한 많은 사람에게 행복을 가져다주는 다양한 해결책을 궁리하는 능력입니다.

We were able to see the presidential office, the living quarters, and the reception hall, which were all beautifully decorated.

해석 3

대통령 집무실, 생활 공간, 접견실 등을 볼 수 있었는데 모두 아름답게 꾸며져 있었습니다.

확 트인 서울 구경, 남산

Namsan Seoul Tower는 서울에서 가장 눈에 띄는 랜드마크(Landmark)이자 대표적인 관광 명소(Tourist Attractions)로, 용산구 남산공원길에 있는 해발고도 480m의 전망 타워 외에 주변 문화, 상업 복합 시설인 타워플라자를 포함합니다.

N Tower는 서울의 지리적 중심지인 남산에 자리 잡고 있어 국내외 많은 관광객이 이곳을 방문하여 도시의 멋지고 아름다운 경치를 즐깁니다. 특히 케이블카를 타고 올라가 전망대에서 살랑살랑 기분 좋게 부는 바람을 맞으며 사진도 찍고 사랑의 자물쇠(Love locks)도 걸어보며 아름다운 경치를 둘러본다면 잊지 못할 추억으로 남을 것입니다.

또한 남산 공원(Namsan Park)에는 3·1 운동 기념탑을 시작으로 유관순 열사 동상, 남산골 한옥 마을, 남산 봉수대, 안중근 의사 기념관, 백범 광장으로 이어지는 도보 코스도 마련되어 있습니다.

A: Could you tell me about the iconic spot of N Seoul Tower.

B: It's a landmark of Seoul with its panoramic views. You can take a cable car to the top. Also, you can walk up to the top through a very scenic park.

A: What can I do when I get up to N Seoul Tower?

B: You can hang 'Love locks' on the tower's fences. An elevator will take you straight up to the observation deck. You can look around the beautiful landscape of Seoul there.

A: Are there any places to eat?

B: Sure. You can try Korean, American or French foods. Also, there's a restaurant that slowly rotates 360 degrees.

* iconic spot: 대표적인 명소 (= tourist hotspot), 상징적인 장소 (= landmark attraction)
* panoramic view: 광활한 경치 (= vast scenery), 광대한 풍경 (= broad landscape)
* observation deck: 전망대 (= panorama deck, observation platform), 관찰 데크

A: 상징적 장소인 N 서울타워에 대해 말씀해주실 수 있나요?

B: N 서울타워는 서울의 랜드마크로, 전망이 아름다운 곳이에요. 케이블 카를 타고 정상까지 갈 수도 있어요. 또한 아름다운 공원을 거쳐 걸어서 정상까지 올라갈 수도 있어요.

A: N 서울타워에 올라가면 무엇을 할 수 있나요?

B: 타워의 담장에 '사랑의 자물쇠'를 걸 수 있어요. 엘리베이터를 타고 전망대로 바로 갈 수 있습니다. 그곳에서 서울의 아름다운 풍경을 볼 수 있어요.

A: 뭐 먹을 만한 장소도 있나요?

B: 네. 한국, 미국, 프랑스 음식 등을 먹어볼 수 있어요. 360도로 천천히 회전하는 레스토랑도 있습니다.

Memo

한국의 대표 음식, 김치

　프랑스 요리 연구가인 브리야 사바랭(Jean Anthelme Brillat-Savarin)은 '새로운 요리의 발견이 새로운 별의 발견보다 인간을 더 행복하게 만든다(The discovery of a new dish confers more happiness on humanity, than the discovery of a new star)'라는, 음식에 관한 행복 명언을 제시했습니다.

　현대인은 지구촌 어디든 여행할 때 맛있다고 알려진 음식점을 찾아다니며, 먹고 싶은 요리를 즐기는 소확행(Small satisfaction)을 경험하고 있습니다. 우리가 어떤 음식을 좋아하고 가정에서 가족과 함께 즐기는 식단은 무엇인지 등을 살펴보면 그 개인의 삶의 방식이나 습관 등을 알 수 있다고 합니다.

　한국의 대표 음식인 김치는 채소를 소금에 절여 씻고 여기에 고춧가루, 마늘, 젓갈 따위를 버무려 숙성시킨 젖산 발효 음식으로, 재료와 양념에 따라 배추김치, 깍두기, 오이김치, 총각김치, 파김치, 물김치 등 여러 종류의 김치가 있습니다. 김치는 전통 발효 식품으로 혈액순환 촉진, 면역력 강화, 항산화 작용, 다이어트 효과 등 다양한 건강상의 효능을 가지고 있습니다.

음식은 우리의 생명을 유지해주는 필수적인 재료이고 사람들의 공통적인 관심사이므로 처음 만난 외국인과도 음식에 관한 대화를 나눈다면 좋은 추억을 남길 수가 있습니다.

예문

A: What is your everyday food?

B: Koreans mainly eat rice and Kimchi.

A: Is there something special about Kimchi?

B: Kimchi is a uniquely Korean dish made by washing, draining, salting, seasoning, and fermenting vegetables. Also, we can make various foods with Kimchi such as Kimchi Stew, Kimchi Pancake, Kimchi Fried Rice.

A: Is Kimchi an easy food to eat?

B: Kimchi can be a little bit spicy and hot. So eating Kimchi with rice makes it less spicy.

* **drain**: (음식물 등의) 물기를 빼내다, (액체 등을) 배출시키다
* **ferment**: (과일, 술 등이) 발효하다 (ex. fermented food, 발효된 음식), ~을 발효시키다
* **season**: (음식 등을) 양념으로 맛을 내다 (ex. seasoned, 양념이 들어간), 계절, 제철, 호기
* **stew**: 고기와 야채를 장시간 푹 끓여 만든 요리, ~을 뭉근하게 끓이다
* **spicy and hot**: 맵고 자극적인, 매운, 얼얼한, 매콤한 (= spicy)

해석

A: 매일 먹는 음식은 뭐예요?

B: 한국 사람들은 주로 밥과 김치를 먹어요.

A: 김치에 대해 특별한 게 있나요?

B: 김치는 채소를 깨끗이 씻어 물기를 뺀 후 소금에 절여 양념하고 발효시켜 만드는 한국 고유의 요리입니다. 또한 김치로 김치찌개, 김치전, 김치볶음밥 등 다양한 음식을 만들 수 있어요.

A: 김치는 먹기 쉬운 음식인가요?

B: 김치는 조금 맵고 자극적일 수 있어요. 그래서 김치를 밥과 함께 먹으면 덜 매워요.

한국의 여름 음식, 삼계탕

삼계탕(Samgyetang)은 인삼(Ginseng), 찹쌀(Sticky rice), 대추(Korean dates), 밤(Chestnut), 마늘(Garlic) 등으로 속을 채운 작은 닭고기 수프 요리이며, 여름 동안 기운을 북돋우는 음식으로 널리 알려져 있습니다. 다시 말하면 삼계탕은 건강에 좋은 다양한 식재료(Food ingredients)를 넣고 푹 고아서 만든 닭고기와 인삼이 만나 환상의 맛을 냅니다.

삼계탕은 날씨가 무더운 여름날 중에서도 초복, 중복, 말복(삼복, Dog days)에 한 번씩은 먹게 되는 보양식(Healthy dish)으로 외국인들도 부담 없이 좋아해 인기를 모으는 대표적인 한식 메뉴입니다. 삼계탕을 끓일 때는 한 사람이 혼자 먹기에 알맞은, 작은 크기의 어린 닭을 구해서 배를 가를 때 되도록 조금만 갈라 내장을 빼내고 안에다 불린 찹쌀과 인삼, 대추, 마늘, 밤 등을 넣고 밖으로 빠져나오지 않도록 실로 묶고 물에 넣어 서서히 끓입니다. 따라서 삼계탕 맛의 비결은 여러 가지 식재료를 넣는 것도 중요하지만 뚝배기 (Earthenware bowl)에 뜨겁게 끓여 내는 것입니다.

예문

A: I'd like to have Samgyetang, Ginseng Chicken Soup. Please tell me how to eat this deliciously.

B: Haha, there's a special method. Split the central part of it open.

A: What is this chicken stuffed with?

B: This is filled with many sorts of things like ginseng, sticky rice, Korean dates, Chestnut, Garlic.

A: Were there any other things that go with it?

B: Take the meat and you can dip it in the salt.

A: Thank you for the treat.

---

* Ginseng Chicken Soup: 한국식 인삼 닭고기 수프, 삼계탕
* stuffed with: (음식 재료 등으로) 가득 채워진 (= filled with)
* go with: (맛, 소리, 모양 등이) ~와 어울리다 (= fit in with)
* dip ~ in: ~을 (소금, 오일 등에) 찍어 먹다

A: 삼계탕을 먹고 싶어요. 이것을 맛있게 먹는 방법 좀 알려주세요.

B: 하하, 특별한 방법이 있어요. 치킨의 중심 부분을 갈라주세요.

A: 이 닭고기 안에는 뭐가 이렇게 많이 들어 있나요?

B: 여기에는 인삼, 찹쌀, 대추, 밤, 마늘 등 많은 것들이 들어 있어요.

A: 그 외에 치킨과 어울리는 게 있나요?

B: 고기를 집어서 소금에 찍어 드시면 돼요.

A: 잘 먹겠습니다.

Memo

위로가 되는 병문안

위로(Consolation)는 따뜻한 말이나 행동으로 괴로움을 덜어주거나 슬픔을 달래주는 것을 말하며, 이와 같은 의미의 영어로는 Comfort, Solace, Soothing 등이 있습니다. 위로는 운동 경기를 하거나 시험을 보기 전에 상대에게 '잘할 수 있어요'라고 용기를 북돋아주는 격려(Encouragement)의 표현과는 달리 힘든 일을 겪고 있는 사람에게 '힘내요'라고 마음을 달래주는 관심(Concern)의 표현입니다. 특히 해외 거래처 직원이나 외국인 친구가 슬프거나 힘든 일을 당할 때 마음을 진심으로 이해해주는 따뜻한 말을 해준다면 그에게 큰 힘이 되고 깊은 위로가 될 것입니다.

예문 1

I am sure that you'll make a full recovery in a short time.

* make a full recovery: 완전히 낫다 (= make a complete recovery), 쾌유되다

해석 1

분명히 곧 쾌유될 겁니다.

예문 2

I hope it's going well.
(or Everything will be fine.)

* go well: 잘되어가다 (= do well, make progress), 잘 어울리다

해석 2

모든 일이 잘될 겁니다.

예문 3

I'll pray for you.

* pray for: ~를 위해 기도하다, (축복, 평화 등을) 기원하다

해석 3

당신을 위해 기도할게요.

예문 4

I totally get how you feel.

* get how you feel: 당신의 심정을 이해하다 (= feel for you)

해석 4

당신의 마음을 충분히 이해해요.

Something good will come along very soon.

* come along: (일 등이) 생기다, (기술, 능력 등이) 향상되다, 함께 가다, 함께 오다

해석 5

곧 좋은 일이 있을 겁니다.

That's a relief.

* relief: 안도, 마음이 놓임, (통증, 증상 등의) 완화, 경감, 구호, 공제, 복지 수당

해석 6

다행이네요.

예문 7

You will be always in my heart.

당신은 항상 내 마음속에 있을 거예요.

예문 8

You'll get over it well.

* **get over**: (어려움, 고통, 문제 등을) 극복하다 (= overcome), (병 등에서) 회복하다

잘 극복해낼 겁니다.

자신감은 여행의 중요한 요소

우리는 일과 삶(Work and life)에서 행복과 성공을 추구하며 살아가기에 스스로 정한 목표(Goal)를 달성하는 데 매일 최선의 노력을 기울이고 있습니다. 물론 지속적인 노력 끝에 얻은 목표의 성공적인 완성은 말로는 설명할 수 없을 정도로 가슴이 벅차고 기쁜 순간(Joyful moment)을 제공합니다.

목표의 추진 과정에 다소 어려움이 있더라도 스스로 위축되거나 포기하거나 실망하지 않고 목표를 향해 계속 전진(Progress)해야 합니다. 고대 중국의 '실패는 성공의 어머니(Failure is the mother of success)'란 속담을 되새겨보면 수많은 실패와 시행착오를 겪은 후에 비로소 성공의 단맛을 즐길 수 있기 때문입니다.

목표를 성공적으로 달성하기 위해서는 자신의 능력을 잘 파악하고 무엇을 어떻게 할 것인가를 정립한 후에 자신감(Confidence)을 갖고 전진한다면 어떤 어려움도 이겨낼 수 있습니다. 예를 들어 국내외 어디든 새롭고 낯선 곳을 여행할 때 어려움이 따르기 마련이지만, 특히 외국어 실력이 부족한 상태에서 잘 알려지지 않은 타국에 혼자 있게 된다면 두려움에 빠질 수도 있습니다. 따라서 새로운 곳에서 직면하는 다양한 도전과 어려움을 극복해나가려면 철저한 여행 준비와 함께 자신감을 한층 키울 필요가 있습니다.

예문

A: What is required to achieve something great?

B: I think you have to realize all of your abilities and then decide what to do.

A: If I realize that something that I'd like to do is beyond my ability, do I have to give it up?

B: I have a feeling that it could be overwhelming. If so, you will be in trouble with the pressure of doing the job.

A: Do you mean there's the possibility that I can get stressed out by it?

B: Sure. When you're sure you are capable of doing a job, you can gain confidence about it.

A: Do you think confidence is an important element of achieving the goal?

B: Yes. If possible, you'd better associate with people who have really achieved greatness.

A: It's hard to see. Is there any special reason for that?

B: You can learn from the experiences of their success.

A: I think it's a good idea.

* something great: 위대한 업적 (= great achievement), 대단한 일, 훌륭한 일
* beyond one's ability: ~의 능력 이상의 (= beyond one's capacity), ~의 힘에 부치는 (= beyond one's power), ~의 능력을 넘는
* overwhelm: (경험, 일, 감정 등이) ~을 압도하다, 휩싸다, ~을 제압하다, ~을 뒤덮다
* be in trouble with: ~로 인해 어려움에 처하다, 힘들게 되다, 위기에 처하다, 궁지에 빠지다
* get stressed out: 스트레스를 받다 (= be under stress, suffer from stress, get stressed)
* be capable of: ~할 수 있다 (= be able to), ~할 능력이 있다 (= be competent to)
* gain confidence about: ~에 신뢰를 얻다, ~에 대하여 자신감을 얻다 (= win confidence in)
* associate with: ~와 어울리다, 교제하다 (= have a friendship with, go out together)
* It's hard to see: ~을 이해하기 어렵다 (= be difficult to understand), ~을 알기 어렵다

A: 훌륭한 일을 이루기 위해 필요한 것은 무엇인가요?

B: 모든 당신의 능력을 알고 나서는 무엇을 할 건지를 결정해야 합니다.

A: 내가 하고 싶은 일이 내 능력으로 어렵다는 것을 알면, 그것을 포기해야 하나요?

B: 부담스러울 수도 있다는 생각이 들어요. 그렇게 되면 그 일을 하는 압박으로 힘들게 될 수 있지요.

A: 그 일로 스트레스를 받을 수 있다는 말씀인가요?

B: 물론이죠. 당신이 그 일을 할 수 있다고 확신할 때, 당신은 그 일에 자신감을 얻을 수 있어요.

A: 자신감이 목표 달성의 중요한 요소라고 생각하나요?

B: 네. 가능하다면 정말 위대함을 이룬 사람들과 인연을 맺는 것이 좋습니다.

A: 이해하기 어렵네요. 그것에 대한 특별한 이유가 있나요?

B: 그들의 성공 경험을 배울 수 있어요.

A: 좋은 생각인 것 같아요.

좋은 삶의 여정

좋은 삶은 일반적으로 '바람직하고 의미 있는 삶(Desirable and meaningful life)'을 의미하지만 개인의 성향에 따라 이 개념은 크게 달라질 수 있습니다. 이것은 매우 주관적이어서 개인의 가치, 신념, 우선순위에 영향을 받기 때문입니다.

바람직한 인생을 살아가는 사람들의 공통된 요소들로는 △ 삶의 목적과 의미 △ 사회 공동체와의 긍정적인 관계 △ 신체적, 정신적 건강 △ 개인 성장을 위한 자기 계발 △ 재정적 안정 △ 취미 활동 △ 일과 삶의 균형(Work-life balance) 등을 예로 들 수 있습니다.

좋은 삶의 의미는 매우 개인적이어서 한마디로 정의하기 어려우나 자신이 추구하는 바람직한 삶은 궁극적으로 기쁨과 즐거움, 나아가 행복(Happiness)을 불러옵니다. 특히 이들 가운데 몸과 마음의 건강, 경제적 안정, 일과 삶의 균형 등은 바쁜 일상생활 속에서도 반드시 필요한 삶의 요소이므로 지속적인 실천 노력이 요구됩니다.

A: Is there any way to lead a good life?

B: I think there should be wisdom and passion in a good life.

A: Can't you regard a life without wisdom and passion as good?

B: No. It's natural that human pursues wisdom in life. Therefore, learning is required for better life. Passion is in a sense more fundamental because it will lead people to seek wisdom.

A: Your opinion seems well fitted.

B: If there are no wisdom and passion in life, we can't imagine a good and desirable life.

A: You said it.

---

* lead a good life: 좋은 삶을 살다 (= live a good life), 바람직한 삶을 살다 (= desirable life), 선한 삶을 살다, 훌륭한 삶을 살다
* wisdom: 슬기, 현명함, 지혜, 즉 사물의 이치를 빨리 깨닫고 사물을 정확하게 처리하는 정신적 능력
* regard A as B: A를 B로 여기다, 간주하다, 생각하다, 바라보다
* fundamental: 기본적인, 필수의, 근본적인, 중요한, 원리, 기본 원칙, 근본, 기본
* You said it: 동감입니다 (= It sounds proper, I think so), 맞습니다 (= You're right)

A: 좋은 삶을 살아가는 방법이 있나요?

B: 좋은 삶에는 지혜와 열정이 있어야 한다고 생각해요.

A: 지혜와 열정이 없는 삶은 바람직하다고 여길 수 없나요?

B: 그래요. 인간이 삶의 지혜를 추구하는 것은 당연하죠. 그렇기 때문에 더 나은 삶을 위해 배움이 필요합니다. 열정은 사람들로 하여금 지혜를 추구하도록 하기 때문에 어떤 의미에서는 보다 근본적인 것이죠.

A: 당신의 의견이 맞는 것 같네요.

B: 인생에 지혜와 열정이 없다면, 우리는 바람직한 삶을 상상할 수 없어요.

A: 맞습니다.

행복한 사람들의 공통된 특징

대부분의 사람들은 바쁜 일상생활 속에서도 쉽게 잡히진 않지만 이룰 수 있는, 꿈과 같은 행복을 추구하며 성실히 살아가고 있습니다. 예를 들어 여행, 취미, 일 등의 분야에서 자신이 세운 삶의 목표를 이루는 순간 최고의 감정적 상태인 행복(Happiness)을 맛보기도 하고 그것을 성취하지 못하면 좌절과 어려움에 빠지기도 합니다.

행복은 항구적인 특성을 지닌 것이 아니기에 자신에게 처해진 상황에 따라 생성과 소멸의 과정을 반복하는 것 같습니다. 다른 사람들보다 더 행복하게 사는 사람들의 생활을 관찰해보면 다음과 같은 특징을 찾아낼 수 있습니다.

행복한 사람들은 몸과 마음이 건강한 상태(Health)를 지니고 있으므로 일과 휴식의 균형(Work-life balance)을 유지하며 삶의 목표를 향해 전진합니다. 그들은 자존감(Self-esteem)이 높을 뿐만 아니라 자신에 대한 신뢰와 존중을 바탕으로 타인을 배려(Consideration)하며 봉사 정신을 발휘합니다. 또한 긍정적 마음가짐(Positive mindset)과 뛰어난 공감 능력(Empathetic ability)을 갖고 있어 어떤 어려움에도 굴하지 않으며 곧 회복되리라는 강한 희망과 기대감으로 가득 차 있습니다.

물론 우리는 행복의 지속성을 기대하긴 어렵지만 삶의 목표를 성취하는 순간 진정한 행복을 느낄 수 있다는 강한 신념으로 삶을 이끌어가고 있습니다. 행복한 사람들이 지니고 있는 공통적인 특징들, 즉 건강한 정신, 높은 자존감, 긍정적 마음가짐 등을 거울 삼아 최상의 감정적 상태인 행복을 자주 맛보길 기대합니다.

예문

A: What's a common trait of happy people?

B: They have positive self-esteem.

A: Self-esteem? What does it mean?

B: It may mean a kind of pride.

A: Do you think people who love themselves can be happy?

B: Sure. Happy people also tend to be sociable.

A: Do you think people who are unsociable can't be happy?

B: No, I didn't mean that. I mean that people who are sociable can be happier than the average person.

A: I see. I think when we are optimistic, we can afford to love others.

B: I agree with you on that point.

---

* trait: (성격적이거나 신체적인 면 등의) 특징 (= peculiarity, feature), 특성 (= characteristic)
* self-esteem: 자존감, 즉 스스로 품위를 지키고 자기를 존중하는 마음을 말함
* pride: 자부심 (= self-worth, self-esteem), 긍지, 자긍심, 자랑스러워함, 자존심
* sociable: 사교적인 (↔ unsociable, unsocial), 붙임성 있는 (= outgoing, friendly)
* optimistic: 낙관적인 (= hopeful about the future, positive), 낙관하는 (↔ pessimistic)

해석

A: 행복한 사람들의 공통적인 특징은 무엇일까요?

B: 그들은 긍정적인 자존감을 가지고 있어요.

A: 자존감이요? 자존감이 무슨 뜻이죠?

B: 일종의 자부심을 의미하는 것일 수도 있어요.

A: 자신을 사랑하는 사람이 행복할 수 있다고 생각하나요?

B: 물론이죠. 행복한 사람들은 또한 사교성이 좋은 편이에요.

A: 사교성이 없는 사람은 행복할 수 없다고 생각하나요?

B: 아니요, 그런 뜻이 아니었어요. 사교적인 사람이 보통 사람보다 더 행복할 수 있다는 뜻이죠.

A: 그렇군요. 우리가 낙관적일 때 다른 사람을 사랑할 수 있는 여유가 생기는 것 같아요.

B: 그 점에 대해서 동의합니다.

Memo

뿌듯한 고향 여행

    감사(Gratitude)는 '고맙게 여김' 또는 '고맙게 여기는 마음'을 뜻하며, 같은 의미의 영어로는 Appreciation, Thanks, Grateful heart, Thankful heart 등이 있습니다.

    예년보다 조금 추운 날씨에 시골에서 홀로 지내는 노모의 생신을 맞이하여 가족과 함께 하루를 보낸다고 생각하니 벌써 마음이 설레고 어깨가 절로 들썩이는 고향 여행입니다. 평소엔 혼자 운전하면 몇십 킬로미터도 가지 못해 졸음이 쏟아져 운행 자체가 힘들었는데 오늘은 놀랍게도 졸리지도 않고 외려 맑은 정신으로 쭉 뻗은 고속도로를 힘차게 달립니다.

    무사히 시골집에 도착하니 김장은 벌써 마친 상태여서 노모에게 왠지 미안하기도 하고 고맙기도 하고 온갖 감정이 혼란스럽기까지 합니다. 여동생 부부가 생일 축하 노래를 불러주고 햇살밥과 미역국, 김장 김치, 떡 등을 정성껏 차려드리니 노모의 주름진 얼굴에 환한 미소가 가득합니다.

밤이나 낮이나 자식이 잘되기를 바라는 어머니의 기도에 감사드립니다. 거동하기 힘든 몸으로 기어코 김장 김치를 담가 자식에게 나눠주는 노모의 헌신에 고마움을 느낍니다. 시골에서 홀로 지내는 노모가 불편 없이 지내라고 낡은 콘센트나 전기 스위치를 교체해주는 형의 효도에 존경을 표합니다. 대파를 뿌리째 뽑아 이파리 윗부분만 싹둑 잘라낸 후 이것을 상자에 넣고 밭 흙으로 그 속을 다진 채 자연 그대로 나에게 전해주는 여동생의 정성에 고마움을 느낍니다. 오늘은 작은 일들 하나하나가 내 마음속에 잔잔한 감동을 주며 가족에게서 고맙고 훈훈하고 따뜻한 감정을 온전히 느껴봅니다. "감사하는 마음과 태도가 자신의 인생에 긍정적인 반향을 일으킨다고 확신한다"라는, 미국의 유명 방송인 오프라 윈프리의 명언이 마음속에서 스스로 떠오르는 뿌듯한 순간입니다.

이렇듯 일상적인 작은 것들에 감사하는 마음과 태도를 지닌다면 운 좋게도 자신의 삶에 많은 기쁨과 만족, 더 나아가 '건강'과 '작지만 확실한 행복'이 다가오리라 기대해봅니다.

Be thankful for what you have; you'll end up having more. If you concentrate on what you don't have, you will never, ever have enough.

- Oprah Winfrey

* end up: (어떤 결과, 상태 등으로) 끝나다 (= result in), (특정 장소, 상황 등에) 결국 있게 되다
* concentrate on: (어떤 대상, 활동 등에) 중점을 두고 집중하다 (= focus on, immerse oneself in, center on)

해석 1

당신이 가진 것에 감사하면 더 많은 것을 얻게 될 것입니다. 당신이 가지지 못한 것에 집중하면 결코 충분히 가질 수 없을 것입니다.

Gratitude helps you to grow and expand; gratitude brings joy and laughter into your life and into the lives of all those around you.

- Eileen Caddy

* bring into: ~을 특정 상황 등으로 가져오다, 이르게 하다, ~을 가져다주다, 끌어들이다
* laughter: 웃음 (ex. burst into laughter, 웃음을 터뜨리다), 웃기, 웃음소리 (= laugh)

해석 2

감사는 여러분이 성장하고 확장하는 것을 돕습니다. 감사는 여러분의 삶과 여러분 주변의 모든 사람들의 삶에 기쁨과 웃음을 가져다줍니다.

여행 후 필요한 회복력

회복력(Resilience)은 '어떤 자극으로 달라진 상태가 다시 원래의 상태로 되돌아오는 힘' 또는 '위기와 고난, 질병, 어려움 등을 극복하여 정상적이고 건강한 상태로 회복하려는 능력'을 말합니다. 달리 말하면 회복력은 회복탄력성과 같은 의미로 슬픔, 실직 또는 다른 문제 등을 겪은 이후 다시 건강하고 행복한 상태로 강하게 돌아오려는 능력입니다.

요즘 현대인은 일과 삶의 균형(Work-life balance)을 추구해야 하는 시기임에도 바쁜 일상에 시달려 충분한 휴식과 심리적 안정을 살필 틈도 없이 심한 스트레스에 노출되어 있는 상황입니다. 우리의 삶에서 회복력이 필요한 경우는 해외여행에서 돌아온 후 시차나 업무에 적응할 때, 가족이 슬픈 일을 겪고 있을 때, 자신의 목표를 이루지 못해 마음이 상해 있을 때, 연인과 이별 후 마음이 아픈 상태일 때, 자신의 건강에 이상이 생겼을 때, 다니던 직장을 잃었을 때 등 많은 사례가 존재합니다.

우리가 살아가면서 겪는 스트레스, 좌절, 실망, 상실감, 슬픔 등은 영원히 지속되지 않는다 하더라도 이러한 문젯거리를 적절히 극복할 수 있는 회복력은 무엇보다 삶의 중요한 요소라 할 수 있습니다. 따라서 적절한 시기에 강한 회복력을 발휘하기 위해서는 긍정적인 사고, 규칙적인 생활 습관, 꾸준한 운동, 독서를 통한 심리적 안정, 삶의 목표에의 몰입, 명상 등이 지속적으로 필요합니다.

예문 1

Resilience is the ability to return to a normal shape after a substance has been transformed or to recover from difficulty, illness, disappointment, or other problem.

* substance: 물질 (= material), 물체, 실질, 실체, 본질 (= essence), 내용 (= important content)
* transform: (형태, 성질 등을) 변형시키다 (= convert), 변화시키다 (= change), 완전히 바꾸다, 탈바꿈하다

해석 1

회복력은 어떤 물질이 변형된 후 정상적인 모습으로 되돌아오거나 어려움, 질병, 실망 또는 다른 문제에서 회복하려는 능력입니다.

Despite facing numerous setbacks, her resilience allowed her to bounce back and continue pursuing her goals.

* **setback**: 좌절 (= frustration), 패배 (= defeat), 정지, 차질, 역행 (= regression)
* **bounce back**: (고난, 실패 등에서) 빠르게 회복하다 (= recover), 되돌아오다, 되튀다 (= rebound)

해석 2

수많은 좌절에도 불구에도 그녀의 회복력은 자신을 다시 일어서게 하고 목표를 계속 추구하도록 했습니다.

Memo

풍성한 음식 여행, 추석

    추석은 음력 8월 보름(August 15th in the lunar Calendar)으로, '중추절', '한가위' 등으로 불리며 저녁에는 유난히 밝고 완전한 달(Full moon)이 차오릅니다. 추석 명절(Chuseok Holidays)이 다가오기 전에 조상의 산소(Ancestors' graves)를 찾아 무성하게 자란 잡초들을 베고 주변 환경을 정리하며, 풍성한 수확과 가족의 건강 등에 대해 조상에게 감사의 말씀을 드립니다.

    한국의 명절 가운데 가장 풍요로운 추석(Thanksgiving days)은 가을의 즐겁고 설레는 명절로, 조상의 얼을 기리기 위한 차례를 지내고 성묘(Visit to ancestral graves)를 하며 가족들이 모여 풍성한 음식을 함께 나누는 기간입니다. 대표적인 추석 음식 중 하나인 송편(Songpyeon)은 찰지고 고소하며, 가족들이 함께 만들어 나눠 먹는 전통 음식입니다.

    '더도 말고 덜도 말고 한가윗날만 같아라'라는 속담이 있듯, 추석

명절에는 모든 가족이 풍성하고 가득 찬 밝은 보름달을 보며 즐겁고
행복한 시간을 함께 나누길 바랍니다.

예문 1

Chuseok, the Korean equivalent of Thanksgiving Day, is one of the nation's biggest holidays, during which people travel to their hometown to spend time with their family and hold memorial services to honor their ancestors.

> * hold a memorial service: 제사를 지내다 (= have a memorial service), 차례를 지내다

해석 1

미국의 추수감사절과 비슷한 추석은 한국의 가장 큰 명절 중 하나로, 많은 사람이 고향으로 돌아가 가족과 시간을 보내며 조상을 기리기 위해 차례를 지냅니다.

On Chuseok, I enjoyed various foods such as songpyeon, jeon, and new fruits with my family.

해석 2

추석날, 나는 가족들과 송편, 전, 햇과일 등 다양한 음식을 즐겼습니다.

Gildong enjoyed the full moon at night on Chuseok with his family.

해석 3

길동은 추석날 밤에 가족들과 보름달을 즐겼습니다.

Memo

행복한 삶의 여정

행복(Happiness)은 사전적 의미로 '생활에서 충분한 만족과 기쁨을 느끼어 흐뭇한 감정적 상태'라고 합니다. 다시 말해 행복은 단순히 몸과 마음의 평안이 아니라 위험과 고난의 삶 속에서 경험하는 기쁨, 즐거움, 만족 등의 과정을 거쳐 생겨나는, 비 온 뒤의 상쾌한 마음일 것입니다.

영국의 철학자 데이비드 흄(David Hume)은 "사람이 하는 모든 노력의 궁극적 목적은 행복의 달성이다. 행복을 위해 기술을 발명하고, 학문을 육성하고, 법을 만들고, 사회를 형성한다"라고 설파했습니다. 예나 지금이나 인간에게 있어서 인생의 궁극적인 목표는 행복입니다. 그러나 적극적 삶을 살아가야만 하는 현대인에게 행복은 끊임없는 변화 속에서 매 순간 새롭게 경험되고 있지만 우리 몸과 마음이 바쁘고 각박한 현실에 파묻혀 행복을 체감하지 못하고 있는 것 같습니다.

연구에 의하면 인간관계, 건강, 소득, 직업, 목적의식, 자유 등의 요소가 현대인의 행복 수준에 중요한 영향을 미치는 것으로 나타났습니다. 위 여섯 가지 요소의 수준이 높으면 삶의 불확실성, 불안, 걱정, 불행 등을 눈에 띄게 줄일 수 있기 때문입니다. 따라서 온전한 삶을 유지하기 힘든 세상에서 인생의 확고한 목적의식과 양호한 건강을 기반으로 자신의 소임에 열정을 쏟아야 할 뿐만 아니라 시간이 나면 머나먼 바깥세상을 둘러보는 경험이 행복한 삶의 여정일 것입니다.

예문 1

The most important thing is to enjoy your life—to be happy—it's all that matters.

- Audrey Hepburn

* matter: 중요하다, 상관있다, 일, 문제, 상황, 사건, 물질, 중요 사실

해석 1

가장 중요한 것은 인생을 즐기는 것, 즉 행복해지는 것입니다. 그게 전부입니다.

Happiness consists more in small conveniences or pleasures that occur every day, than in great pieces of good fortune that happen but seldom to a man in the course of his life.

- Benjamin Franklin

* consist in: (원인, 목적, 본질 등이) ~에 있다, ~하는 데 있다

해석 2

행복은 삶의 과정에서 한 사람에게 거의 일어나지 않는 큰 행운보다 매일 일어나는 작은 편안함이나 즐거움에 더 많이 있습니다.

Happiness is not something readymade. It comes from your own actions.

- Dalai Lama

* come from: ~에서 나오다, 비롯되다, 유래하다, 기인하다, 태어나다

해석 3

행복은 이미 만들어진 것이 아닙니다. 그것은 당신 자신의 행동에서 비롯됩니다.

예문 4

The thing everyone should realize is that the key to happiness is being happy by yourself and for yourself.

- Ellen DeGeneres

* key to happiness: 행복의 열쇠, 행복의 비결 (= secret of happiness)

해석 4

행복의 비결은 자신을 위해 스스로 행복해지는 것이라는 사실을 모든 사람이 깨달아야 합니다.

예문 5

Do not set aside your happiness. Do not wait to be happy in the future. The best time to be happy is always now.

- Roy T. Bennett

* set aside: ~을 제쳐놓다, 제쳐두다, (돈, 시간 등을) 따로 떼어두다

해석 5

당신의 행복을 제쳐두지 마세요. 미래에 행복하기를 기다리지 마십시오. 행복하기에 가장 좋은 때는 언제나 지금입니다.

제3장

아는 만큼 즐기는 여행

여행의 다양한 효익

여행은 '일이나 유람을 목적으로 다른 고장이나 외국에 가는 활동' 또는 '새로운 장소나 지역으로 이동하여 다른 환경을 경험하고 탐험하는 것'을 말합니다. 여행을 뜻하는 영어로는 Travel, Trip, Tour, Journey, Excursion 등이 있으며, 여행의 방식에 따라 달리 표현하고 있습니다만 실제 생활에서는 이들의 의미를 구분하여 사용하는 데 한계가 있는 것도 사실입니다.

현대에 이르러서는 우리 삶 자체가 여행일 정도로 여행은 일상생활에서 반드시 필요한 생산적 소비재가 되었습니다. 그뿐만 아니라 우리는 Travel, Trip, Tour, Journey, Excursion 등의 여행 방식에서 여러 가지 효과를 얻을 수 있습니다.

① 건강을 좋게 한다(Improve your health)

② 삶의 자신감을 높여준다(Boost your confidence)

③ 즐거움을 준다(Have fun)

④ 시야를 넓혀준다(Broaden your horizons)

⑤ 자신을 알게 해준다(Understand yourself)

⑥ 창의성을 길러준다(Enhance your creativity)

⑦ 실제적인 지식을 얻는다(Get real-life education)

⑧ 소통 능력을 향상시킨다(Improve your communication skills)

⑨ 마음의 평화를 얻는다(Gain peace of mind)

⑩ 추억으로 남는다(Make memories)

예문

Travel is the movement of people between distant geographical locations. Travel can be done by foot, bicycle, automobile, train, boat, bus, airplane, ship or other means, with or without luggage, and can be one way or round trip. Travel can also include relatively short stays between successive movements, as in the case of tourism.

* **geographical location**: 지리적 장소, 지리적 입지, 지리적 위치
* **luggage**: (여행용 가방 등) 수하물 (ex. luggage claim area, 수하물 찾는 곳), 짐 (= baggage)
* **short stay**: 단기 체류 (↔ long stay)
* **successive movement**: 연이은 이동, 연속적인 움직임
* **as in the case of**: ~의 경우처럼, ~의 사례와 같이

> ### 해석

여행은 사람들이 먼 지리적 장소로 이동하는 것을 말한다. 여행은 짐이 있든 없든 도보, 자전거, 자동차, 기차, 보트, 버스, 비행기, 배 또는 기타 수단으로 할 수 있으며 편도 또는 왕복이 될 수 있다. 또 여행은 관광의 경우처럼 연이은 이동 중 비교적 짧은 체류를 포함할 수 있다.

뇌 건강에 좋은 여행

일반적으로 여행은 휴양, 문화 체험, 자연 감상, 역사 탐방, 사업 관련 일 등 다양한 목적으로 이루어지며 새로운 경험과 도전을 통해 개인적으로나 사회적으로 성장하는 기회를 제공하고 다른 문화 및 사람들과의 교류를 통해 더욱 넓은 시야를 얻을 수 있습니다. 특히 자연 속에서 심호흡을 하거나 사색에 빠지는 시간을 보낸다면 그동안 쌓인 스트레스를 줄여주기도 하며, 자연의 풍광과 멋진 장면을 기억의 궁전에 저장해놓으면 훗날 여행의 생생한 이미지를 떠올리는 데 많은 도움이 됩니다.

따라서 여행은 새로운 경험과 자극, 휴식과 재충전, 새로운 학습과 도전, 자연과의 접촉, 다른 사람들과의 교류 등으로 뇌 건강에 긍정적인 영향을 미치므로 적절한 준비와 계획을 바탕으로 즐거운 여행을 하길 바랍니다.

예문 1

Try to practice stress-reduction techniques, such as deep breathing or spending enough time in nature while travelling.

* stress-reduction technique: 스트레스 감소 기법, 스트레스를 줄이는 방법
* deep breathing: 심호흡, 깊은 호흡 (↔ shallow breathing)

해석 1

여행하는 동안 심호흡을 하거나 자연 속에서 충분한 시간을 보내는 등 스트레스를 줄이는 방법을 실천해보세요.

예문 2

Travel is a highly beneficial activity that promotes brain health and enhances cognitive abilities and memory.

* beneficial activity: 유익한 활동 (= advantageous activity), 도움이 되는 행동
* enhance cognitive ability: 인지 능력을 향상시키다, 인식 능력을 강화하다

해석 2

여행은 뇌 건강을 촉진하고 인지 능력과 기억력을 향상시키는 데 매우 유익한 활동입니다.

날씨가 여행에 미치는 영향

지구상에 살고 있는 사람들은 여행, 스포츠, 행사 등 야외 활동 (Outdoor activity)으로 시간을 보내며 어떻게든 주변 날씨(Weather, State of atmosphere)에 영향을 받으면서 대부분의 일상생활(Daily life)을 영위하고 있습니다. 특히 매혹적인 경치(Fascinating scenery) 를 구경하고 유적지를 탐방하며 산길을 걷는 등 예정된 여행을 할 때 운 좋게도 산뜻한 날씨가 지속되면 여행의 즐거움과 기쁨은 더욱 커질 수밖에 없습니다.

이렇듯 날씨는 사람들의 행동, 성격, 심리, 기분에 끊임없이 영향 (Effect)을 미쳐 독특한 생활 문화나 국민성(National character) 등을 나타내는 것입니다. 예를 들어 영국의 변덕스런 날씨(Fickle weather) 로 인해 햇빛이 나는 날씨에도 비옷을 입거나 우산을 가지고 집을 나서는 영국 사람들의 모습을 가끔 볼 수 있습니다. 이런 날씨로 인 해 영국인들이 주어진 환경에 잘 적응하면서 사려 깊고 차분하며 다소 보수적인 국민이 되었다고 합니다.

날씨는 또한 건강에 영향을 미쳐 비가 오거나 우중충한 날씨(Gloomy weather)엔 기분이 우울해지거나 울적해집니다. 반면 좋은 날씨에 따스한 햇볕을 쬐고 벤치에 앉아 커피를 마시며 즐거운 대화를 나누다 보면 머리가 맑아지고 마음이 상쾌해집니다. 그뿐만 아니라 온화한 날씨(Mild weather)엔 시원한 바람을 맞으며 빠른 걸음으로 걷다 보면 가슴이 뻥 뚫려 마음속 깊은 걱정과 불안, 스트레스, 두려움 등이 순식간에 사라져버리기도 합니다.

따라서 야외 활동을 할 때 좀 더 즐겁고 보람 있는 시간을 보내려면 사전에 날씨 정보를 파악하여 예상되는 날씨(Weather forecast)에 맞게 계획을 세우고 조정하여 일정을 잘 마무리할 수 있도록 준비해 나가면 좋겠습니다.

A: What is the difference between weather and climate?

B: Weather is the state of the atmosphere at a given time and place. It is usually for a short period of time but climate refers to conditions over a long period of time.

A: Does weather have any effect on people?

B: Not any absolute effect, but to some extent yes. I think extreme weather or changing weather makes people stronger. Also, people living in colder countries seem to have a more sedate nature.

A: I agree with you on that point.

---

* atmosphere: (지구 등의) 대기, 공기, (장소 등의) 분위기, (사물 등의) 느낌, (풍경 등의) 정취
* refer to: (수치, 보고 등이) ~을 나타내다, (책, 자료 등을) 참고하다, ~에 대해 언급하다
* have effect on: ~에 영향을 미치다 (= affect), 효력이 있다 (= be in effect), 효과가 있다 (= be effective)
* to some extent: 어느 정도는 (= to a certain extent), 어느 범위에서는, 얼마간에는
* sedate nature: 차분한 성질, 침착하고 조용한 성격, 느릿한 성질

A: 날씨와 기후의 차이점은 무엇인가요?

B: 날씨는 주어진 시간과 장소에서의 대기 상태입니다. 날씨는 보통 짧은 시간 동안이지만 기후는 오랜 시간에 걸친 대기 조건을 나타냅니다.

A: 날씨가 사람들에게 끼치는 영향은 없나요?

B: 전적으로 영향을 끼치지는 않지만 어느 정도는 영향을 끼칩니다. 극심한 날씨나 변화하는 날씨는 사람들을 더 강하게 만드는 것 같아요. 또한 추운 나라에 사는 사람들은 차분한 성질을 지니는 것 같습니다.

A: 그 점에 대해 동의합니다.

Memo

마음을 사로잡는 경청의 힘

경청(Listening)은 '귀를 귀울여 듣는 것' 또는 '주의를 기울여 열심히 듣는 것'을 말하므로 주변에서 들려오는 소리를 그냥 듣는 일반적 '들음(Hearing)'과는 다른 의미로 사용됩니다. 특히 세계 여행을 할 때 외국어를 잘 모르더라도 말하는 사람의 목소리를 잘 듣고 몸짓(Gesture)을 눈여겨보면 무슨 말을 하는지 대충 짐작할 수 있는데, 이것이 바로 경청의 효과입니다.

대화할 때 경청하지 않고 상대방의 말이 채 끝나기도 전에 무턱대고 끼어들거나 급한 마음에 자신의 의견을 너무 강하게 주장하는 등 바람직한 대화 분위기를 해치는 사례가 자주 발견되기도 합니다. 의사소통(Communication)이 '가지고 있는 생각이나 뜻이 서로 통함(The process of speaking or writing to someone to exchange information or ideas)'을 의미하듯, 상대방의 입장을 배려(Consideration)하면서 자신의 생각과 의견을 정중하게 표현하는 습관을 가져야 하겠습니다.

사실 대화를 할 때 생각이나 의견이 서로 다르더라도 상대방을 존중하는 마음으로 귀 기울여 듣는다면 양보, 타협, 협상, 동의 등의 절차를 거쳐 결국 모두 성공적인 결과물을 얻을 수 있습니다. 따라서 공적인 토론이든 사적인 대화든 의사소통이 시작되기 전에 얘깃거리를 잘 정리하여 조리 있고 효율적인 소통을 할 수 있는 긍정적 마음가짐(Positive mindset)과 경청의 자세가 절실히 요구됩니다.

예문

A: Do you think you are a good listener?

B: Yes, I am. I try to listen to other's views before speaking my opinions.

A: When do you express your thoughts while talking to somebody?

B: I tend to wait until the speaker finishes giving his opinions.

A: You surprise me. Don't you think people generally insist on their ideas instead of listening to what others are saying.

B: I think many people do so. That's because they don't know what is important in conversation.

A: What do you think is important for a healthy conversation?

B: I think listening carefully to speaker's views first are the most important skill of conversation.

A: Then could you tell me the meaning of successful communication?

B: Successful communication means that both sides share thoughts and opinions well from their respective positions.

---

* give one's opinion: ~의 견해를 말하다 (= express one's views, speak one's opinion)
* You surprise me: 놀랍군요 (= That comes as a surprise, I'm really surprised to)
* insist on: (의견, 사실, 권리 등을) 주장하다 (= assert, argue), 강요하다, 고집하다, 우기다
* listen carefully to: ~을 주의 깊게 듣다, ~을 귀 기울여 듣다, ~을 경청하다
* share: (정보, 의견, 관심, 가치 등을) 공유하다, (물건 등을) 같이 쓰다, 서로 나누다, 지분, 몫, 주식

A: 당신은 다른 사람의 말을 잘 듣는다고 생각하나요?

B: 네, 그래요. 제 의견을 말하기 전에 다른 사람의 의견을 들으려고 합니다.

A: 누군가와 얘기하면서 언제 당신의 생각을 표현하나요?

B: 말하는 사람의 의견 표현이 끝날 때까지 기다리는 편이에요.

A: 놀랍네요. 사람들은 보통 남의 말을 듣지 않고 자기 생각을 주장하지 않나요.

B: 많은 사람들이 그렇게 하는 것 같아요. 대화에서 중요한 것이 무엇인지 모르기 때문이죠.

A: 건강한 대화를 위해서는 무엇이 중요하다고 생각하십니까?

B: 우선 말하는 사람의 견해를 잘 듣는 것이 대화의 가장 중요한 비법이라고 생각해요.

A: 그럼 성공적인 의사소통은 무엇을 의미하나요?

B: 성공적인 의사소통은 양측이 각자의 입장에서 생각과 의견을 잘 공유하는 것입니다.

여행 목표의 중요성

　누구나 살아가면서 이루고 싶은 구체적인 목표가 있으며, 우리의 삶은 그 목표를 성취하려는 의지(Will)와 자신감(Confidence), 지속 가능한 실행력(Execution)에 따라 성공과 실패로 나누어진다고 합니다. 바쁘고 힘든 일상생활 속에서 잠시 여유를 찾고자 여행을 즐길 기회가 많아지면서 자신이 세운 삶의 목표에 설레는 여행을 꿈꾸는 사람들도 많아지는 추세입니다. 예를 들어 여행은 우리의 감각을 즐겁게 하고, 미래를 위한 휴식을 제공하며, 도전 정신을 불러오기에 현대인들은 자연 관광, 휴양, 역사 기념물 관람 등과 같은 구체적인 목표를 설정하고 여행을 다닙니다.

　"행복한 삶을 원한다면 사람이나 물질에 매달리지 말고 오직 목표에만 집중해야 한다(If you want to live a happy life, tie it to a goal, not to people or things)"라는 알버트 아인슈타인(Albert Einstein)의 명언을 되새기며 꾸준히 노력한다면 스스로 정한 삶의 목표에 쉽게 다가갈 수 있을 것입니다.

A: Do you think it's necessary to have a goal in life?

B: Yes, it is. I feel that life without goals is like a boat without a helm.

A: Do you have any goals in your life that you would like to achieve?

B: Almost everyone has a goal. When I was in high school, my goal in life was different than it is now. In my opinion, our goals keep on changing as we grow up.

A: What is important in achieving our goals?

B: We must have confidence in ourselves and realize what abilities and potential we have. If so, we can get a much better chance of success.

A: How about reading biographies or watching autobiographical movies to get to know the stories of successful people?

B: I think we may experience some successful lives indirectly by putting them into practice. Also, if you really want to achieve your goals, you must keep constant attention on them.

---

* helm: (배 등의 방향을 조절하는) 키 (= steering gear, tiller, wheel), 조타장치, 조종장치 (= rudder)

- **achieve**: (목표 등을) 달성하다 (= fulfill), 이루다 (= accomplish, put through, make)
- **keep on ~ing**: 계속 ~하다 (= continue, go on ~ing, carry on ~ing)
- **have confidence in oneself**: 스스로에게 자신감을 가지다 (= be confident of, be assured), 자신을 신뢰하다 (= trust oneself)
- **potential**: 잠재력, (어떤 상황 등이 발생할) 가능성 (= possibility), 잠재적인 (= possible)
- **put into practice**: 실행하다 (= bring into practice, carry into practice), 실천하다 (= implement, carry out, execute)
- **constant**: 지속되는, 변치 않는, 항구적인, 일정한, 한결같은, 끊임없이 계속되는 (= continuous), (수학, 물리 등에서) 상수, 불변수 (= variable)

해석

A: 삶의 목표가 꼭 필요하다고 생각하시나요?

B: 네, 그래요. 목표 없는 삶은 조타기 없는 배와 같지요.

A: 당신의 삶에서 이루고 싶은 목표가 있나요?

B: 거의 모든 사람들이 목표를 가지고 있어요. 제가 고등학교 때는 지금과 다른 삶의 목표를 가지고 있었죠. 제 생각에 목표는 성장하면서 계속 바뀐다고 생각해요.

A: 목표를 달성하는 데 있어 중요한 것은 무엇이죠?

B: 자신감을 가지고 우리가 가진 능력과 잠재력을 알아야 합니다. 그렇게 된다면, 우리는 훨씬 더 좋은 성공의 기회를 얻을 수 있어요.

A: 성공한 사람들의 이야기를 알기 위해 전기를 읽거나 자전적인 영화를 보는 건 어떨까요?

B: 우리가 그것들을 실천함으로써 성공적인 삶을 간접적으로 경험할 수 있다고 생각해요. 또한 여러분이 정말로 목표를 이루기를 원한다면, 그것들에 대해 지속적인 관심을 가져야 해요.

Memo

긍정의 힘이 주는 효과

긍정은 '그러하다고 생각하여 옳다고 인정함' 또는 '어떤 상황을 지지하거나 인정하는 행위'를 말하며, 영어 Affirmation, Positive attitude 등과 같은 의미입니다. 긍정의 힘(Power of affirmation)은 우리가 어떤 일이나 행동을 할 때 긍정적인 사고와 태도를 취함으로써 기대하는 목표 달성에 도움이 되는 능력이나 역량을 말합니다.

긍정의 힘은 어려운 상황에서 강한 회복력을 제공하여 직면한 문제를 잘 극복할 수 있게 하고, 다른 사람들에게 영감(Inspiration)을 주어 긍정적인 변화를 이끌어내며, 우리의 삶을 더 풍요롭고 행복하게 해주는 삶의 에너지입니다. 특히 해외여행 중 길을 잃거나, 도둑을 맞거나, 물건을 분실하거나, 건강에 이상이 생기거나, 예상치 못하게 일정이 어긋나는 등 다양한 원인으로 난처한 상황에 직면할 때 그동안 축적된 긍정의 힘을 발휘한다면 문제 해결에 많은 도움이 될 것입니다.

따라서 긍정의 힘은 우리 삶을 활력 있고 빛나게 하는 에너지 가운데 하나로, 이것은 무엇보다 마음, 정신, 나아가 일상생활에 긍정적 영향을 미치고 있으므로 평소 이러한 역량을 길러놓을 필요가 있습니다.

예문 1

The power of affirmation enriches our lives, helps us overcome challenges, strengthens our relationships, and promotes overall well-being.

* challenge: 도전 (= face a challenge, 도전에 직면하다), 힘든 일, 과제, 시험하다, 도전하다
* well-being: (나라, 경제 등의) 안녕, 복지, 행복 (= sense of well-being, 행복감), 건강

해석 1

긍정의 힘은 우리의 삶을 더 풍요롭게 만들고 어려움을 극복하는 데 도움을 주며, 다른 사람들과의 관계를 강화하고 전반적인 웰빙을 향상시켜 줍니다.

Affirmative thinking enables us to solve problems more effectively and cope well with challenging situations.

* **cope well with**: (문제 등을) 잘 처리하다, (어려움 등을) 잘 극복하다, 잘 대처하다
* **situation**: 상황 (ex. work situation, 근무 환경), 처지, 사정, 입지, 위치 (= location)

해석 2

긍정적인 생각은 문제를 더 효과적으로 해결하고 어려운 상황을 더 잘 대처할 수 있게 합니다.

Memo

여행할 때 자주 사용되는 단어, Check

여행할 때 자주 사용하는 Check라는 단어는 동사형으로 '(가방, 짐 등을) 부치다', '(가방, 외투 등을) 맡기다', '(문제 등이 있는지 알기 위해) ~을 점검하다', '(사실 등을 알기 위해) ~을 확인하다', '(범죄 등을) 억제하다' 등의 의미가 있으며, 또한 명사형으로 '수표', '계산서', '점검', '체크 표시', '억제' 등을 뜻합니다.

그만큼 Check는 get, have, take 등과 같이 일상생활뿐만 아니라 해외여행에서도 자주 사용하는 단어이므로 이것의 쓰임새를 학습할 필요가 있습니다. 따라서 Check와 같이 여러 가지 의미의 쓰임새를 숙지하여 현지 상황에 맞게 활용한다면 별 어려움이 없이 편안한 여행을 할 수 있습니다.

Do you have any bags to check?

* check: (짐, 가방 등을) 부치다 (= check in)

해석 1

부칠 가방이 있나요?

You have to check your bag in our coat check area.

* check: 맡기다 (= put, leave, deposit)
* coat check area: 휴대품 보관소 (= check room, cloak room)

해석 2

휴대품 보관소에 가방을 맡기셔야 합니다.

예문 3

Have you checked your bags in advance?

* check: 점검하다 (= examine, inspect)
* in advance: 미리, 사전에 (= beforehand, ahead of time)

해석 3

가방을 미리 점검해보셨나요?

예문 4

I will check whether the dish is cooked.

* check: 확인하다 (= verify, confirm)

해석 4

이 음식이 요리되었는지 확인해볼게요.

예문 5

The police try to check crime in tourist attractions.

* **check**: (범죄, 욕심 등을) 억제하다 (= restrain, inhibit)
* **tourist attractions**: 관광지, 관광 명소 (= tourism spots)

해석 5

경찰은 관광지에서의 범죄를 억제하려고 노력합니다.

정말 해석하기 어려운 Available

    Available은 영어 문맥에 따라 '이용 가능한', '구입 가능한', '시간이 있는', '형편이 되는', '쓸모 있는' 등의 의미로 일상생활에서 자주 사용되고 있으나 실제 해석하기는 어려운 단어 중 하나입니다. 예를 들어 Available은 주로 '사람, 사물, 서비스, 일자리 + be + available ~'의 구문으로 사용되는 경우 문장에 따라 '사용하다', '비어 있다', '구입하다', '형편이 되다', '시간이 된다', '참석할 수 있다', '통화 가능하다', '유효하다' 등 다양한 의미로 해석되고 있습니다.

    또한 Be와 Available 사이에 Now, Freely, Easily, Currently, Readily, Also 등 다양한 부사를 사용하여 Available의 뜻을 구체적으로 표현할 수 있습니다. 특히 영어권 국가로 여행을 하면서 티켓을 구입하거나 물건을 사거나 음식점을 예약할 경우 Available을 적절히 사용하여 대화를 이어나가면 외국인과의 원활한 소통이 가능할 것입니다.

예문 1

The itinerary in a Denmark trip will vary depending on the paid vacation period available.

* depending on: ~에 따라 (= in accordance with, according to)
* paid vacation: 유급 휴가 (= paid leave, ↔ unpaid vacation)

해석 1

덴마크 여행 일정은 사용 가능한 유급 휴가 기간에 따라 다를 것입니다.

예문 2

Do you mind if I sit here? I'm sorry. That seat is not now available.

* Do you mind if: ~해도 될까요? (= Would you mind if), ~해주실래요?

해석 2

여기 앉아도 될까요? 죄송합니다. 지금 그 좌석은 비어 있지 않습니다.

The dish is made with ingredients easily available in most supermarkets.

* ingredient: (요리 등의) 재료, (혼합물 등의) 성분, 원료, 구성 요소

해석 3

이 요리는 대부분의 슈퍼마켓에서 쉽게 구할 수 있는 재료로 만들어집니다.

He is now available to travel the world two or three times a year.

해석 4

그는 이제 1년에 두세 번 세계를 여행할 수 있는 형편이 됩니다.

예문 5

She will be available to visit the museum this afternoon.

해석 5

그녀는 오늘 오후 박물관을 방문할 수 있을 것입니다.

예문 6

He is too busy to be available to the meeting for overseas business trip now.

* overseas business trip: 해외 출장 여행 (= business trip abroad, ↔ domestic business trip)

해석 6

그는 지금 너무 바빠서 해외 출장 관련 회의에 참석할 수 없습니다.

**Can I be connected to Mr. Smith? I'm afraid but he is
not available now.**

* connect: 연결하다, 잇다, (사건 등을) 결부시키다, 마음이 통하다

해석 7

스미드 선생님과 통화할 수 있나요? 유감스럽지만 그는 지금 통화가 어
렵습니다.

The information available on the trip is sparse.

* sparse: (횟수 등이) 드문드문한 (= rare), (털 등이) 숱이 적은 (= thin), 듬성듬성
한, (인구 따위가) 희박한 (= scant)

해석 8

여행에 대한 유효한 정보가 부족합니다.

Memo

Konglish 사용 자제

콩글리시(Konglish)는 정통 영어가 아닌, 한국어식 영어를 속되게 이르는 말입니다. 다시 말하면 한국어식으로 발음된 단어나, 원어에 없는 방식으로 만들어진 영어 표현 등을 가리킵니다. 예를 들어 원어민과 대화할 때 영어의 변형인 콩글리시를 사용하면 어원은 영어이지만 원어민이 들었을 때는 그 의미를 이해하지 못하거나 오해하는 경우가 자주 생기게 마련입니다. 특히 해외 현지에서 음식을 주문하거나 상점에서 물건을 살 때, 그리고 호텔 등 숙소에서 서비스를 요청할 때 콩글리시보다는 원어민이 자주 사용하는 영어로 소통을 한다면 좀 더 편안한 여행이 될 것입니다.

따라서 한국식으로 잘못 발음하거나 비문법적인 영어를 사용하기보다는 정통 영어를 구사할 수 있도록 영어 학습에 많은 관심을 기울일 필요가 있습니다. 다음은 주요 어휘들 중 일상생활 속에서 자주 쓰는 콩글리시를 올바른 영어로 표현한 것입니다.

① 카레라이스: rice and curry

② 돈가스: pork cutlet

③ 비후가스: beef cutlet

④ 함박스테이크: hamburger steak

⑤ 프림: cream

⑥ 엑기스: extract (= essence)

⑦ 바캉스: vacation

⑧ 모닝콜: wake-up call

⑨ 콘센트: outlet

⑩ 리모콘: remote control

⑪ 스탠드: desk lamp

⑫ 에어컨: air conditioner

⑬ 비닐봉투: plastic bag

⑭ 아이쇼핑: window shopping

⑮ 선크림: sun block (= sunscreen)

⑯ 린스: conditioner

⑰ 스킨: toner

⑱ 와이셔츠: dress shirt

⑲ 런닝셔츠: T-shirt

⑳ 츄리닝: sweatpants

㉑ 원피스: a dress

㉒ 폴라 티: turtle neck

㉓ 빤스: underwear

㉔ 반창고: band aid

㉕ 기브스: cast

㉖ 메이커: brand

㉗ 노트북: laptop (= notebook computer)

㉘ 핸드폰: mobile phone (= cell phone)

㉙ 애프터 서비스: after-sales service

㉚ 카센터: body shop

㉛ 윈도우 브러쉬: wiper

㉜ 핸들: steering wheel

㉝ 빵구 타이어: flat tire

㉞ 백미러: rearview mirror

㉟ 본네트: hood

㊱ 빠꾸: back up

㊲ 크락션: horn

㊳ 오라이: all right

㊴ 코팅: laminating

㊵ 아파트: apartment

야외 활동의 건강상 효과

야외 활동(Outdoor activity)은 말 그대로 실내가 아닌 건물 밖에서 우리 몸을 움직여 하는 모든 활동을 의미합니다. 일상에 지쳐 찌뿌둥한 몸과 마음을 확 풀어 활기차게 하고 싶을 때, 우울하고 의기소침한 기분을 긍정적이고 열린 마음으로 바꾸고 싶을 때, 가슴속에 쌓여 있는 한이나 불만 따위의 감정에서 벗어나고자 할 때 밖에 나가 몸을 움직이는 활동을 하면 우리 신체와 정신이 한결 좋아집니다.

일반적으로 야외 활동에서 얻을 수 있는 주요 건강상의 효과(Health effects)는 다음과 같습니다. 우선, 야외 활동을 할 때 마시는 신선한 공기는 몸과 마음의 기운을 북돋아줍니다. 둘째, 야외에서 햇볕에 노출되면 우리 몸의 필수 영양소인 비타민 D를 얻을 수 있어 뼈 건강에 많은 도움이 됩니다. 셋째, 야외 활동 중에 자연은 우리에게 정신적 안녕감(Mental well-being)을 제공하여 일상생활에서 느끼는 행복의 수준이나 만족의 정도를 높여줍니다. 넷째, 스포츠, 산책, 걷기, 등산 등 다양한 야외 활동은 진통 작용을 하는 엔돌핀(Endorphin)의 분비를 증가시키고 스트레스 호르몬인 코르티솔(Cortisol) 수치를 낮춰 우리 몸과 정신을 활기차게 해줍니다. 마지막으로, 야외 활동을 하면서 주변에 펼쳐진 자연 풍경을 감상할 수 있고 세월의 흐름을 감지할 수 있습니다.

따라서 바쁜 일상에서 벗어나 어떤 야외 활동이든 계획을 세워 규칙적으로 실천한다면 우리 건강에 여러 가지 긍정적인 효과를 얻을 수 있습니다.

예문 1

Spending time in nature can reduce stress levels and bring peace to the mind.

> * reduce: (규모, 크기, 수량 등을) 줄이다 (= cut back, lessen), 낮추다, 살이 빠지다, (가격 등을) 인하하다, 감소시키다 (= decrease), 몡 reduction

해석 1

자연 속에서 시간을 보내면 스트레스 수준이 감소하고 마음에 평화를 불러옵니다.

The beauty of nature can help enhance creativity and concentration.

* enhance: (가치, 품질, 능력 등을) 향상시키다 (= improve), 높이다, 늘리다, 개선 시키다 ⑲ enhancement

해석 2

자연의 아름다움은 창의성과 집중력을 향상시키는 데 도움을 줍니다.

An outdoor activity like a hiking is helpful to reduce weight.

* reduce weight: 감량하다, 살을 빼다 (= lose weight), 몸무게를 줄이다

해석 3

등산과 같은 야외 활동은 살을 빼는 데 도움이 됩니다.

Memo

여행의 10 가지 이점

우리는 왜 여행을 하는가? 답은 간단합니다. 그것은 우리가 여행을 좋아하기 때문입니다. 길거나 짧거나 여행의 길은 우리에게 많은 선물을 제공합니다. 예를 들어, 우리는 여행을 통해 편안하고 맛있는 식사를 즐길 수 있고, 긴 산책, 새로운 만남, 추억 등 다양한 경험을 하게 됩니다.

여행은 우리가 살아 있다는 것이 얼마나 행복한가를 느끼게 해주고, 특히 우리 몸과 마음을 건강하게 만들어줍니다. 여행은 심장 질환의 가능성을 낮추는 것부터 스트레스와 불안을 완화하는 것까지 다양하고 중요한 기능을 합니다. 전문가의 연구 결과에 따르면, 여행은 이러한 건강상의 이점 외에도 창의력, 행복감, 만족감, 자신감, 성취감 등을 높이는 데에도 도움을 줍니다.

(1) Have fun

여행은 준비 단계부터 우리 마음을 설레게 하고 여러 가지 즐거움을 제공합니다. 여행할 때 우리는 산, 호수, 바다와 같은 아름다운 자연 풍경을 감상하고, 새소리를 듣고, 다람쥐에게 도토리를 건네주며, 지역 특산물을 흥정하기도 하고, 현지 홍합을 맛보기도 합니다.

여행의 긍정적인 경험은 우리 삶에 스트레스, 불안, 피곤함을 줄여주는 대신 즐거움, 재미, 흥겨움, 매력을 더해줍니다. 일상생활에서는 마음챙김 코스나 요가 등도 건강에 좋은 프로그램이지만 시간을 내서 여행할 기회가 생긴다면 이를 즐기는 것만으로도 우리 몸과 마음에 새로운 활력소가 될 것입니다.

예문 1

Sense of happiness increases even before we start our travelling because we look forward to it.

＊ look forward to: ~을 기대하다, 고대하다(= anticipate with pleasure)

해석 1

여행을 시작하기도 전에 행복감이 높아지는 것은 여행에 대한 기대감 때문입니다.

Go for travelling if you have the opportunity to take some time off and travel, so it will do you a world of good.

* take some time off: 잠시 쉬다, 휴가를 내다 (= take a vacation)
* do someone a world of good: ~에게 도움이 되다, 이로움이 있다, ~의 기분을 훨씬 나아지게 하다

해석 2

휴가를 내서 여행할 기회가 있다면 여행을 떠나세요, 그러면 당신에게 많은 도움이 될 것입니다.

(2) Improve your health

수면이 신체 건강과 정신 건강에 중요한 요소임에도 우리는 바쁜 일상생활에 쫓겨 알람 소리에 일찍 눈을 떠야 하는 힘든 환경에 처해 있습니다. 그와 반대로 여행할 때에는 일상생활에서 벗어나 새로운 환경에 적응하다 보면 주말처럼 충분한 잠을 잘 수 있습니다. 또한 여행은 건강에 도움이 되는 신체의 움직임이며, 특히 산책은 심장이나 근육과 뼈에 좋고, 나아가 우리의 기운을 돋우어줍니다.

잘 아시다시피 여행은 돈이 넉넉하다거나 시간이 난다고 해서 할 수 있는 것이 아니기 때문에 건강할 때 실행해야 하는 것입니다.

즐거운 여행을 원한다면 절대 놓칠 수 없는 것도 건강이므로, 여행 중 예상치 못한 사고나 질병에 대비해 상비약을 꼭 챙겨 가면 좋겠습니다.

　이렇듯 여행은 건강과의 긍정적 상관관계가 높기 때문에 건강할 때 가고자 하는 목적지를 정하여 티켓을 예약하고 짐을 꾸려 모험을 떠나기 바랍니다.

예문 1

Getting enough sleep is vital for both our physical and our mental health.

* be vital for: ~에 매우 중요하다, 필수적이다 (= be essential for)
* both A and B: A와 B 모두, A와 B 둘 다 (= B as well as A, not only A but also B)

해석 1

잠을 충분히 자는 것은 신체적, 정신적 건강에 매우 중요합니다.

예문 2

**Travelling full of laughter can change your mood in a
positive way and improve your overall health.**

* full of laughter: 웃음으로 가득 찬 (= filled with laughter)
* change one's mood: ~의 기분 전환을 하다 (= refresh oneself, divert oneself)

해석 2

웃음으로 가득 찬 여행은 여러분의 기분을 긍정적으로 바꿔주고 건강을
전반적으로 향상시킵니다.

(3) Boost your confidence

자신감(Self-confidence)은 어떤 결과를 이루는 데 요구되어지는 행
위를 성공적으로 수행할 수 있다는 확신, 즉 자기 자신에 대한 확실
한 믿음을 말합니다. 국내외 어디든 새롭고 낯선 곳을 여행하는 것
은 이점도 있지만 어려움이 따르기 마련입니다. 특히 외국어 실력이
부족한 상태에서 잘 알려지지 않은 곳에 혼자 있게 된다거나 밤에
길을 잃었을 때 우리는 두렵고 무서운 분위기에서 빠져나오기 어려
울 것입니다. 따라서 철저한 여행 준비를 통해 새로운 곳에서 직면
하는 다양한 도전과 어려움을 극복해나간다면 결국 여행에서 돌아
왔을 때 우리의 자신감은 한층 충만해져 있을 것입니다.

Travelling can give you the chance to learn more about the world and boost your self-confidence.

* boost one's self-confidence: ~의 자신감을 끌어올리다 (= raise one's self-confidence)

해석 1

여행은 세상에 대해 더 많이 배우고 자신감을 높일 수 있는 기회를 줍니다.

Travelling forces you to be resourceful and teaches you how to cope with obstacles.

* force someone to do: ~에게 ~하도록 하다 (= have someone do, get someone to do)
* resourceful: 수완이 좋은, (지략, 자원 등이) 풍부한, 변통을 잘하는
* cope with: (상황, 문제 등에) 잘 대처하다 (= handle), (업무 등을) 잘 처리하다 (= deal with)

해석 2

여행은 지략이 풍부해지게 하고 장애물에 어떻게 잘 대처해야 할지를 가르쳐줍니다.

(4) Enhance your creativity

여행의 이점 가운데 하나는 편안함에서 벗어나게 한다는 것입니다. 특히 한 번도 가본 적 없는 곳을 여행한다면 모든 것이 신기하고 새로울 것입니다. 이러한 신선한 자극이 여러분의 모든 감각에 영향을 미칩니다. 거리의 새로운 풍경을 둘러보고 다양한 색상을 경험할 뿐만 아니라 이국적인 음악과 사람들의 알 수 없는 얘기들에 귀 기울입니다. 새로운 음식의 냄새와 맛을 음미하기도 하고 시장에서 물건을 살 때 흥정을 하기도 하며 행인에게 길을 묻기도 합니다. 모든 것이 새로움과 설렘의 연속입니다.

따라서 우리가 여행에서 새로운 도전에 직면하면 그에 맞는 해결책을 찾기 위해 참신하고 독창적인 아이디어를 만들어내려는 뇌신경의 움직임이 활발하게 일어나게 될 것입니다.

예문 1

Travelling introduces novelty to your brain and improves cognition. Once you face new challenges, you need some ideas to find a solution. As a result, your brain engenders new original thoughts.

* introduce novelty: 새로움을 불러오다, 참신함을 주입하다
* face challenge: 도전에 직면하다, 시험대에 오르다
* engender: (상황 등을) 초래하다, (감정 등을) 불러일으키다, 발생시키다

여행은 뇌에 새로움을 불러오고 인지력을 향상시킵니다. 일단 새로운 도전에 직면하면 해결책을 찾기 위한 아이디어를 필요로 합니다. 결과적으로 여러분의 뇌는 새롭고 독창적인 생각을 만들어냅니다.

예문 2

Once you return home from travelling, you can get various ideas by way of these new stimuli and creativeness formation in your job.

* stimuli: 자극, 촉진제, stimulus의 복수형
* creativeness formation: 창의력 형성 (= creativeness generation)

해석 2

일단 여행을 마치고 집으로 돌아오면, 당신의 일에서 이러한 새로운 자극과 창의력 발현을 통해 다양한 아이디어를 얻을 수 있습니다.

(5) Understand yourself

여행은 우리로 하여금 편안한 영역에서 벗어나게 하고 때로는 변화와 불확실성에 과감히 대처할 수 있는 힘을 주기도 합니다. 사실 변화는 일상생활에 반드시 필요한 자극제이더라도, 가끔 그것에 잘 대처하지 못해 우리의 일이나 삶에서 어려움을 겪고 좌절감을 느끼기도 합니다.

그러나 일단 여행을 다녀온 후에는 일상적인 변화에 잘 적응하는 자신을 보고 벅찬 자긍심과 성취감마저 느낍니다. 그뿐만 아니라 여행을 통해 새로운 도전들을 극복해나가다 보면 우리 자신의 장점과 단점, 그리고 한계를 이해하는 기회를 얻을 수 있습니다.

예문 1

A lot of people struggle and feel frustrated with their lives or their jobs because they can't deal well with change.

* struggle with: (문제 등을) 해결하려고 애쓰다, ~으로 고심하다, ~에 어려움을 겪다 (= have difficulty in, have trouble in)
* feel frustrated with: ~에 좌절감을 느끼다, ~에 낙심하다 (= be discouraged, be disappointed)

많은 사람들이 변화에 제대로 대처할 수 없어 삶이나 일에서 어려움을
겪고 좌절감을 느낍니다.

예문 2

**New challenges you face help you understand your
strengths, weaknesses, and limits.**

* face: (어려움 등에) 직면하다, ~을 향하다, 대면하다, (상대 선수, 팀 등과) 맞붙
다, 얼굴, 표정, 면모, 외관

해석 2

여러분이 직면한 새로운 도전은 여러분의 강점, 약점, 그리고 한계를 이
해하는 데 도움이 됩니다.

(6) Gain peace of mind

우리는 대부분 도시에 살고 있습니다. 바쁜 일정에 쫓기며 붐비는
대중교통을 타고 다니면서 겨우 도시 풍경만을 바라봅니다. 그렇기
때문에 점차 스트레스가 쌓이고 일에 대한 만족도조차 떨어집니다.

이럴 때 일상생활에서 벗어나 짧은 여행이라도 한다면 우리 마음에 안정된 평화가 찾아올 것입니다.

예문 1

We never seem to find time for travelling because of our busy schedules. Please try to seek peace of mind through walking meditation by taking your time.

* busy schedule: 바쁜 일정 (= heavy schedule), 분주한 일정
* walking meditation: 걷기 명상, 즉 걸을 때의 신체 감각에 주의를 집중하는 명상의 한 방법임
* take one's time: 시간의 여유를 갖다, 천천히 하다 (= act slowly), 서두르지 않고 하다 (= go easy)

해석 1

우리는 바쁜 일정 때문에 여행할 시간을 내지 못하는 것 같습니다. 시간을 내어 걷기 명상을 통해 마음의 평화를 찾으시기 바랍니다.

예문 2

Seeing new places, meeting new people, overcoming various challenges may help you relieve tension.

해석 2

새로운 장소를 보고, 새로운 사람을 만나고, 다양한 도전들을 극복하는
것은 긴장 상태를 완화하는 데 도움이 됩니다.

(7) Broaden your horizons

여행과 관련한 영어 명언 중 'The world is a book and those
who do not travel read only one page'는 '세상은 책이고 여행하
지 않는 사람은 한 페이지만 읽는 것이다'를 의미합니다. 아무래도
현장에서 직접 보고 느끼는 것이 우리의 시야를 넓혀주고 오래도록
기억에 남는 경험이 많아진다는 것입니다.

우리는 보통 바깥세상을 만날 때 인터넷, TV, 책 등 다양한 채널로
부터 먼 나라 사람들의 문화와 삶의 방식 등을 보고 느낍니다. 그러
나 이런 간접 경험은 우리의 관점을 넓혀주는 것이 아니라 오히려 좁
혀줄 수도 있습니다. 따라서 세계를 여행하면서 특정한 환경에 살고
있는 사람들을 만나 다르게 살아가는 삶의 방식을 직접 대하는 것
이 진정 그곳이 어떤 세상인지에 대해 실감나게 알려줄 수 있습니다.

Travelling helps broaden your horizons and allows you to experience different cultures.

> * horizon: 지평선, 수평선, 그러나 복수형 horizons는 (지식, 경험, 사고 등의) 범위, 시야를 의미

해석 1

여행은 시야를 넓히는 데 도움이 되고 다른 문화를 경험할 수 있게 해줍니다.

Discovering new cultures can help you see the issues and the challenges of your daily life in a new way.

> * issue: 쟁점, 이슈, 문제, (서류 등을) 발급하다, (우표, 증권 등을) 발행하다, (성명 등을) 발표하다

해석 2

새로운 문화의 발견은 일상생활의 문제와 도전들을 새로운 방식으로 볼 수 있게 합니다.

(8) Make memories

추억(Memory)은 '지나간 일을 돌이켜 생각함' 또는 '마음속에 간직한 일' 등을 의미하며, 영어로는 reminiscence, recollection 등과 같은 뜻입니다.

우리는 바쁜 일상생활에도 불구하고 잠시 시간을 내어 먼 여행을 다녀온 후에는 당시 앨범 속의 사진을 보며 즐겁고 행복했던 순간들을 되살립니다. 지난 여행을 회상하면서 살포시 웃고 있는 자신을 발견하기도 하고, 생기로 가득찬 미소를 지어보기도 합니다.

그만큼 우리는 잊지 못할 많은 추억들을 간직하면서 살아가고 있으며, 특히 여행은 감미로운 추억으로 남아 자녀나 손자에게 생생히 들려줄 수 있는 소중한 이야기가 됩니다.

예문 1

You find yourself filled with lively and bright smiles while looking at the moments shared with your friends.

* filled with: ~로 가득 찬 (= full of, crowded with)
* shared with: ~와 함께하는, ~와 함께 나누는

해석 1

당신은 친구들과 함께했던 순간들을 보면서 활기차고 밝은 미소로 가득 찬 자신을 발견합니다.

Cherish all your happy moments, and those memories will give you great pleasure for your old age.

* great pleasure: 큰 기쁨 (= great joy), 큰 즐거움 (= great delight)
* for one's old age: ~의 노후에 (= for one's later years, in later life)

│ 해석 2 〈

모든 행복한 순간을 소중히 간직하면 그 추억이 노후에 큰 기쁨을 줄 것입니다.

(9) Improve your communication skills

의사소통 능력(Communcation skills)이란 어떤 특정 상황에서 행위를 함에 있어 글과 말을 통해 상대방의 의견을 듣거나 자신이 뜻한 바를 표현할 때 그 의미를 정확하게 파악하고 전달할 수 있는 능력(The facility of speakers or writers to inform, persuade, or motivate people in particular circumstances)을 말합니다. 실제 외국 여행에서 물건을 사거나 교통 수단을 이용하려 할 때 손짓과 몸짓을 수반하면서 현지 공용 언어나 영어를 사용해야만 현지인들과 의사소통이 그런대로 가능해집니다.

다시 말해서 새로운 것들을 보고, 먹고, 느끼면서 점차 현지에서 사용하는 여러 가지 단어들을 알게 되고 현지 사람들과 관계를 맺게 되는 일차적 의사소통이 이뤄집니다.

예문 1

Every attempt to find a place or buy something involves a lot of pointing and gesturing before you pick up.

* involve: (노력, 행동 등을) 수반하다, 필요로 하다, 관련되게 하다
* pointing and gesturing: 손짓과 몸짓 (= hand signals and gestures)
* pick up: (말, 규칙 등을) 어깨너머로 배우다

해석 1

어느 장소를 찾거나 무언가를 사려는 모든 시도는 당신이 단어들을 배우기 전에 많은 손짓과 몸짓을 수반합니다.

예문 2

You may find new friends and expand your real-life social network through travelling.

해석 2

당신은 여행을 통해 새로운 친구를 찾고 실제 소셜 네트워크를 확장할 수 있습니다.

(10) Get real-life education

우리는 책이나 인터넷 등을 통해 많은 지식과 사실, 그리고 아이디어를 배우고 있더라도 냄새를 맡거나 듣거나 느끼거나 맛보는 데는 한계가 있습니다. 그에 반하여 여행은 다섯 가지 감각 기관을 깨어 있게 하여 현지의 문화를 탐구하고 바깥세상을 알게 해줍니다. 예를 들어 독일 하이델베르크 시내 여행은 현지 사람들을 만나고, 음식을 맛보며, 칼 테오도르 다리 난간 등을 만질 수 있는 기회를 제공합니다.

여행에서 돌아온 후에는 그 이국적인 경험에 대하여 친구들과 이야기를 나누며 세상에 대해 배운 것을 그들과 공유할 수도 있습니다. 여행을 다녀온 후 우리의 일상적인 삶은 한층 더 풍요로워지고 삶의 만족도가 높아집니다. 이렇듯 우리는 비일상적 경험인 여행을 통하여 많은 것을 배우고, 그만큼 성숙해집니다.

예문 1

Textbooks filled with facts can take us to new ideas, but they cannot be smelled, heard, felt, or tasted.

* filled with: ~로 가득 찬 (= crowded with), ~로 채워진 (= occupied with)
* take someone to: (장소, 수준, 아이디어 등으로) 데려가다, 인도하다 (= guide someone to)

해석 1

사실들로 가득 찬 교과서는 우리를 새로운 아이디어로 인도할 수 있지만 냄새를 맡거나 듣거나 느끼거나 맛볼 수는 없습니다.

예문 2

Your exotic experiences through travelling enrich your life and increase life satisfaction.

* exotic experience: 이국적인 경험, 색다른 경험
* life satisfaction: 삶의 만족도 (= satisfaction with life), 생활 만족도

해석 2

여행을 통한 이국적인 경험은 삶을 풍요롭게 하고 삶의 만족도를 높여줍니다.

뭐니 뭐니 해도 내 집이 최고

집은 일상에서 우리에게 가장 평온하고 아늑한 보금자리라서 그런지 하루 일과를 마치고 집에 돌아오면 몸과 마음이 편안해집니다. 집에서는 가족들과 함께 오붓한 시간을 보낼 수 있을 뿐만 아니라, 집에서 자신만의 취미나 여가활동을 즐기기도 합니다.

특히 집은 삶의 진정한 휴식처이기에 휴가나 업무 출장 등으로 해외여행을 하다 집에 돌아오면 편안함의 극치를 맛보게 되므로 '뭐니 뭐니 해도 집이 최고'란 말이 헛되지 않습니다. 겉으로는 투박하고 메말라 보여도 집 안에 들어가면 얼마나 부드럽고 따뜻하고 평온해 보이던지 감탄사가 절로 나와 '세상에 집 같은 곳은 없다'라는 속담을 떠오르게 합니다.

아무리 날씨가 좋고 묵은 호텔이 마음에 들며, 나아가 즐겁고 재미있는 여행일지라도 시간이 지나면서 떠나온 집과 가족들이 그리워지는 것은 어찌할 수 없는 일인가 봅니다. 집에 돌아와 여행의 노곤함을 풀고 여행지에서 겪은 새로운 경험과 느낌을 일기장이나 컴퓨터에 기록해두면 먼 훗날 밝은 웃음과 미소를 자아내는 아름다운 추억이 될 것입니다. 그와 더불어 여행 후에는 안정되고 편안한 집에서 휴식을 취하며 일상으로 빨리 회복하려는 관심과 노력이 반드시 뒤따라야 합니다.

예문 1

Returning home after a long trip makes me feel very comfortable.

> * comfortable: (집, 호텔 등이) 편안한 (↔ uncomfortable), 쾌적한, 마음이 편한, 편안하게 느끼는

해석 1

긴 여행 후에 집으로 돌아오니 집이 정말 편안하게 느껴집니다.

'Home sweet home' emphasizes that home is the most comfortable and cozy place.

* Home sweet home: 집이 최고다, 집 같은 곳은 없다 (= There's no place like house)

* cozy: (공간, 장소 등이) 아늑한 (ex. cozy home, 아늑한 집), 편안한, 포근한, 화기애애한, 오붓한

해석 2

'Home sweet home'은 집이 가장 편안하고 안락한 곳임을 강조하는 표현입니다.

East or west, my home is best.

해석 3

동쪽이든 서쪽이든 내 집이 최고입니다.

Home is home, be it ever so humble.

* humble: 겸허한, 겸손한, (집 등이) 초라한, (신분 등이) 미천한

해석 4

집이 아무리 초라해도 내 집이 최고입니다.

My cozy home is a place where I can relax and recharge after a long day.

* recharge: (에너지 등을) 재충전하다, 원기를 회복하다
* after a long day: 긴 하루를 보낸 후, 지친 하루를 끝낸 후

해석 5

아늑한 나의 집은 지친 하루를 끝내고 나서 몸과 마음을 쉬게 하고 재충전할 수 있는 공간입니다.

제4장

살펴보는 여행영어 명언 50

여행은 오늘날 없어서는 안 될 중요한 생활 방식이 되었습니다. 여행은 우리의 감각을 즐겁게 하고, 미래를 위한 잠깐의 휴식을 제공하며 도전 정신을 불러오기도 합니다.

　시간이 날 때 가능한 많은 여행을 하여 새로운 세계를 경험하고 자기 성장의 기회를 갖길 바랍니다.

Once a year, go somewhere you have never been before.

- Dalai Lama

* Once a year: 일 년에 한 번 (= once in a year), 매년 한 번 (= annually), 연 1회
* Travel: 새로운 곳을 여행함으로써 자신을 발견하고 성장하는 데 도움을 줌

해석 1

매년 적어도 한 번은 이전에 가보지 않은 곳으로 여행하라.

예문 2

The world is a book and those who do not travel read only one page.

- St. Augustine

* Travel: 삶을 풍요롭게 만들고 다양한 문화를 이해하며 폭넓은 시야를 제공

해석 2

세상은 한 권의 책이며, 여행하지 않는 사람은 한 페이지만을 읽는 것이다.

예문 3

You don't have to be rich to travel well.

- Eugene Fodor

* Travel: 자신의 상황에 맞게 여행을 계획하고 새로운 경험을 적극 추구하는 것이 중요함

해석 3

여행을 잘하기 위해 부자일 필요는 없다.

예문 4

The use of traveling is to regulate imagination by reality, and instead of thinking how things may be, to see them as they are.

- Samuel Johnson

* regulate: 통제하다 (= control), 규정하다, 감독하다, 조절하다, 규제하다, 조정하다
* Travel: 새로운 문화, 환경, 상호작용을 통해 시야를 넓히고 다양한 경험을 얻을 수 있는 좋은 기회

해석 4

여행의 목적은 상상을 현실로 조절하고, 어떤 일들이 일어날지 생각하는 대신 있는 그대로 보는 것이다.

One's destination is never a place but a new way of seeing things.

- Henry Miller

* destination: 목적지 (ex. reach tourist destination, 관광지에 도착하다), 행선지
* Travel: 목적지 자체가 아니라 새로운 관점으로 사물을 이해하고 경험하는 것

해석 5

여행의 목적지는 장소 그 자체가 아니라 사물을 새롭게 보는 방식이다.

I travel not to go anywhere, but to go. I travel for travel's sake. The great affair is to move.

- Robert Louis Stevenson

* for one's sake: ~의 이익을 위해 (= for the benefit of, for one's advantage), ~을 위해 (= for the sake of)
* affair: 일, 사건, 문제 (ex. financial affairs, 재정 문제), 외도, (복수형으로) 정세, 사정
* Travel: 목적지에 도달하는 것보다는 여행 자체에서 즐거움을 느끼는 것

해석 6

나는 어딘가로 가기 위해 여행하는 것이 아니라, 그저 가기 위해 여행한다. 나는 여행 자체를 위해 여행한다. 가장 중요한 것은 움직이는 것이다.

예문 7

Only those who risk going too far can possibly find out how far one can go.

- T. S. Eliot

* Travel: 자신의 한계를 찾으려면 적극적으로 위험을 감수하고 도전해야 함

해석 7

너무 멀리 가는 것을 두려워하지 않는 사람만이 얼마나 멀리 갈 수 있는 지 알 수 있다.

예문 8

Too often travel, instead of broadening the mind, merely lengthens the conversation.

- Elizabeth Drew

* broaden: 확장하다 (= expand), (시야, 지식, 영역, 범위 등을) 넓히다 (= widen), 확대하다 (↔ narrow)
* lengthen: 길게 하다 (↔ shorten), 늘어지게 하다, ~의 길이를 늘이다, (기간, 분량 등)을 연장하다
* Travel: 새로운 경험을 하지 않고 단순히 이야기의 소재로만 활용하는 것을 경계함

너무 자주 여행을 가는 것은 마음을 넓히는 것이 아니라 대화를 길게 할
뿐이다.

예문 9

Travel is fatal to prejudice, bigotry, and narrow-mindedness.

- Mark Twain

* prejudice: 편견 (= bias), 선입견, 선입관, 편애, 치우친 생각 (= biased view),
편견을 갖게 하다
* bigotry: 편협한 행위 (= prejudiced deed), 편협한 태도, 편협, 심한 편견 (=
severe bias)
* Travel: 서로 다른 문화를 이해하고 존중함으로써 열린 사고와 넓은 마음을
갖게 됨

여행은 편견, 편협, 그리고 좁은 마음에 치명적이다.

예문 10

Travel makes a wise man better but a fool worse.

- Thomas Fuller

* Travel: 현명한 사람은 새로운 경험과 지식을 습득해서 자신의 삶을 더욱 풍요롭게 만들 수 있으나 바보는 그 반대임

해석 10

여행은 현명한 사람을 더 현명하게 만들고 바보를 더 바보로 만든다.

예문 11

A good traveler has no fixed plans, and is not intent on arriving.

- Lao Tzu

* be intent on: ~에 전념하다 (= be absorbed in), 열중하다, ~에 목적을 두다 (= aim at)
* Travel: 단순히 목적지에 도착하는 것이 아니라 여행하는 과정 자체에서 즐거움과 의미를 찾음

해석 11

훌륭한 여행자는 고정된 계획이 없고 도착하는 것에 목적을 두지 않는다.

Adventure is worthwhile in itself.

- Amelia Earhart

* be worthwile: ~하는 데 보람이 있다, 가치가 있다 (= be worth, be fruitful)
* Travel: 모험을 통해 새로운 경험을 쌓고 자아를 발견하며 삶을 더욱 풍요롭 게 함

해석 12

모험은 그 자체로 가치가 있다.

Certainly, travel is more than the seeing of sights. It is a change that goes on, deep and permanent, in the ideas of living.

- Miriam Beard

* go on: (길 등이) 이어지다, 계속되다, (이야기, 설명 등을) 계속하다 (= continue), 계속 ~하다
* Travel: 새로운 문화에 대한 이해와 다양한 경험을 통해 스스로 발전하고 성장함

해석 13

확실히, 여행은 명소를 보는 것 이상이다. 그것은 삶의 생각에 있어서 깊 고도 영구적으로 계속되는 변화이다.

Travel makes one modest. You see what a tiny place you occupy in the world.

- Gustar Flaubert

* occupy: (시간, 장소, 위치, 공간 등을) 차지하다, (건물 등에) 거주하다, (사무실 등을) 사용하다, ~을 점거하다, (마음 등을) 가득 채우다, (직책 등을) 맡다
* Travel: 새로운 문화에 대한 이해와 경험이 세상에 비하면 아주 작은 것임을 깨닫게 함

해석 14

여행은 겸손하게 만든다. 당신이 있는 곳이 세상에서 얼마나 작은 곳인지를 알게 해준다.

To travel is to live.

- Hans Christian Anderson

* Travel: 삶 그 자체, 즉 새로운 경험과 이해를 통해 우리가 살아 있음을 깨닫게 함

해석 15

여행하는 것은 살아가는 것이다.

예문 16

Travel and change of place impart new vigor to the mind.

- Seneca

* impart: (지식, 정보 등을) 전하다, 주다(= give), (느낌, 맛, 성질 등을) 주다, 더해주다
* Travel: 새로운 환경에 대한 이해와 경험은 우리 마음에 활기찬 기운을 제공

해석 16

여행과 장소의 변화는 마음에 새로운 활력을 더해준다.

예문 17

He who would travel happily must travel light.

- Antoine de. St. Exupery

* light: (운동, 일 등을) 가볍게, (방, 색 등이) 밝은, (내용, 형식 등이) 가벼운, (음식, 술 등이) 부담 없는, (조명 등을) 밝게 하다, 빛, 불, 전등, (교통 등의) 신호등
* Travel: 가벼운 마음과 자세로 여행하면 더 많은 즐거움과 만족을 느낌

해석 17

행복하게 여행하려는 사람은 가볍게 여행해야 한다.

예문 18

The gladdest moment in human life is a departure into unknown lands.

- Sir Richard Burton

* departure: (비행기, 차량, 배 등의) 출발 (↔ arrival), 출항, 발차, 출차, 떠남, 이탈, 벗어남
* Travel: 새로운 장소로의 이동과 경험이 마음을 설레게 하고 기쁘게 함

해석 18

인간 생활에서 가장 기쁜 순간은 미지의 장소로 출발하는 것이다.

예문 19

Travel far enough, you meet yourself.

- David Mitchell

* Travel: 새로운 경험을 통해 자신의 한계를 극복하고 내면의 성장과 역량 향상에 기여

해석 19

충분히 멀리 여행하면, 자신을 만나게 된다.

If you are not willing to risk the unusual, you will have to settle for the ordinary.

- Jim Rohn

* settle: 정착하다, (일정 등을) 결정하다, (문제 등을) 해결하다, (빚 등을) 청산하다, (마음, 위 등을) 진정시키다, (일 등을) 마무리하다, (재산, 유산 등을) 정리하다
* Travel: 새로운 것에 도전하지 않는다면, 삶은 평범함에 머무르고 자신의 성장과 발전을 기대하기 어려움

해석 20

만약 당신이 특별한 것을 감수할 의지가 없다면, 평범한 것에 만족해야 할 것이다.

예문 21

The best things in life are the people we love, the places we've been, and the memories we've made along the way.

- Unknown

* make along the way: (여행 등의) 과정에서 ~을 경험하다, 겪다, ~을 만들어내다
* Travel: 사람, 장소, 추억이 우리의 삶을 풍부하고 의미 있게 만들어줌

인생에서 가장 소중한 것은 사랑하는 사람들, 여행한 장소, 그리고 그 과정에서 만든 추억이다.

예문 22

The world is full of wonderful things you haven't seen yet. Don't ever give up on the chance of seeing them.

- J. K. Rolling

* be full of: ~로 가득 차다 (= be filled with), ~로 넘쳐나다 (= be brimming with)
* give up: 포기하다 (= abandon, relinquish), 단념하다, 그만두다 (= cease, quit)
* Travel: 새로운 경험과 도전을 통해 자신의 시야를 넓히며 역량을 향상시킴

해석 22 〈

세상은 아직 보지 못한 멋진 것들로 가득 차 있다. 그것들을 볼 수 있는 기회를 절대 포기하지 말아야 한다.

Traveling: it leaves you speechless, then turns you into a storyteller.

- Ibn Battuta

* turn A into B: A를 B로 바꾸다 (= change A into B), 변환하다 (= convert, transform)
* Travel: 말로 표현할 수 없는 감동을 선사하고 우리를 이야기꾼으로 만들어 주는 활동

해석 23

여행은 당신을 말없이 만들어주고, 스토리텔러가 되게 한다.

예문 24

Life is short and the world is wide.

- Simon Raven

* Travel: 삶을 경험하고 즐기는 데 시간적 제한이 있으나 넓고 다양한 세상을 경험할 필요

해석 24

인생은 짧고 세상은 넓다.

예문 25

Take only memories, leave only footprints.

- John Muir

* footprint: 발자국 (= trace), 흔적 (= mark), (자원 등의) 양 (ex. carbon footprint, 탄소 배출량), (건물 등의) 부지면적, (위성 등의) 지상 수신 범위, (기기 등이) 차지하는 공간
* Travel: 자연의 아름다움을 소중히 여기며 보호할 필요

해석 25

추억만 가져가고 발자국만 남긴다.

예문 26

Though we travel the world over to find the beautiful, we must carry it with us or we find it not.

- Ralph Waldo Emerson

* Travel: 외부의 아름다움을 찾기 위해서는 내면의 아름다움을 먼저 찾아야 함

해석 26

세상을 돌아다니며 아름다움을 찾지만, 그것을 우리 안에 지니고 있지 않으면 찾을 수 없다.

예문 27

Travel far, travel wide, travel boldly.

- Unknown

* boldly: 대담하게 (= audaciously), 굵게, 용감하게 (= bravely, couragely), 과감하게
* Travel: 열정과 도전 정신으로 세계의 구석구석을 탐험하여 새로운 문화의 경험과 이해를 추구함

해석 27

멀리, 넓게, 대담하게 여행을 하라.

예문 28

The impulse to travel is one of the hopeful symptoms of life.

- Agnes Repplier

* impulse: 충동 (ex. impulse buying, 충동구매), 충격, 자극, 욕구, ~에게 충격을 주다
* Travel: 새로운 경험과 도전을 통해 삶의 활력을 얻음

해석 28

여행을 하려는 충동은 희망적인 삶의 증상 중 하나이다.

Wherever you go, go with all your heart.

- Confucius

* with all one's heart: ~의 진심을 다해 (= wholeheartedly), 마음을 다해, 정성
  을 기울여
* Travel: 일이든, 여행이든 정성을 다해 준비하고 실행함

해석 29

어디든지 가면, 정성을 다해 가라.

Travel brings power and love back into your life.

- Jalaluddin Rumi

* bring back: 다시 가져오다 (= retrieve), ~을 생각나게 하다 (= recall), (상품 등
  을) 반품하다 (= return), ~을 복귀시키다 (= reinstate), (제도, 방식 등을) 되살리
  다
* Travel: 새로운 경험과 만남을 통해 삶에 활력과 행복을 가져다줌

해석 30

여행은 당신의 삶에 힘과 애정을 되돌려준다.

Travel far, travel often, and travel without regrets.

- Unknown

* regret: 후회 (= repentance), 유감 (ex. with great regret, 깊은 유감을 느끼며), ~
한 것을 후회하다 (= repent), ~을 유감으로 생각하다
* Travel: 다양한 세계의 경험과 이해를 통해 삶의 여유와 즐거움을 만끽함

해석 31

멀리 떠나라, 자주 떠나라, 그리고 후회 없이 여행하라.

Travel is not reward for working, it's education for living.

- Anthony Bourdain

* reward: (업적, 노력 등에 대한) 보상, 포상 (= award), 사례금, 현상금 (= bounty),
~에 보상하다, 사례하다, 보답하다 (= return)
* Travel: 단순히 휴식을 취하는 것이 아니라, 새로운 지식과 경험을 통해 자신
의 삶을 더욱 풍요롭게 하는 것

해석 32

여행은 일한 것에 대한 보상이 아니라, 살아가는 데 필요한 교육이다.

예문 33

Travel far and wide, make friends and make memories.

- Unknown

* **make friends**: 친구를 사귀다 (= associate), 친구가 되다 (= befriend), 사교적이 되다 (= socialize)
* **Travel**: 새로운 장소를 탐험하고 새로운 사람들과 친구가 되며, 그 과정에서 소중한 순간들을 만들어가는 것

해석 33

멀리 넓게 여행을 하고, 친구를 사귀며 추억을 만든다.

예문 34

I love the feeling of being anonymous in a city I've never been before.

- Bill Bryson

* **anonymous**: 무명의, (전화, 기부, 편지 등이) 익명의, 이름을 밝히지 않은, 개성이 없는, 특색이 없는
* **Travel**: 익명으로 존재하는 느낌은 자유로움과 설렘을 제공함

해석 34

나는 한 번도 가본 적 없는 도시에서 익명이라는 느낌을 좋아한다.

예문 35

Wherever you go becomes a part of you somehow.

- Anita Desai

* somehow: 어쨌든, 어떻게든, 여하튼, 어떤 점에서, 어딘가 모르게, 어쩐지, 왠지 모르게
* Travel: 사랑하는 사람과 함께한 추억이 그 사람의 삶에 큰 영향을 미침

해석 35

당신이 가는 곳마다 어떻게든 당신의 일부가 된다.

예문 36

Travel is an investment in yourself.

- Unkowm

* investment: 투자 (ex. a long-term investment, 장기 투자), 투자 상품, 투자금, 출자
* Travel: 새로운 경험을 통해 성장하고 발전하는 기회를 제공

해석 36

여행은 자신에 대한 투자이다.

예문 37

I travel not because I'm lost, but because I want to find out who I am.

- Ella Wheeler Wilcox

* find out: 알아내다 (= ascertain), 확인하다 (= confirm), 발견하다 (= discover)
* Travel: 방황이 아니라 자신이 누구인지를 알기 위해 다니는 것

해석 37

나는 길을 잃었기 때문이 아니라 내가 누구인지 알고 싶어서 여행을 한다.

예문 38

The real voyage of discovery consists not in seeking new landscapes, but in having new eyes.

- Marcel Proust

* consist in: (이유, 원인, 본질 등이) ~에 있다 (= lie in, be in, result from, arise from)
* Travel: 새로운 경험을 통해 자신의 내면을 발견하고 성장하는 데 매우 중요한 역할

해석 38

진정한 발견의 여정은 새로운 풍경을 찾는 것이 아니라 새로운 시각을 갖는 데 있다.

I am not the same, having seen the moon shine on the other side of the world.

- Mary Anne Radmacher

* be not the same ~ing: ~해서 전과 같지 않다 (= differ in), ~해서 달라지다 (= change in)
* Travel: 새로운 경험을 쌓는 것이 자신의 삶에 큰 변화를 가져옴

해석 39

세상의 다른 편에서 달이 빛나는 것을 본 이후로 나는 달라졌다.

Travel and you will find yourself.

- Unknown

* Travel: 새로운 경험을 통해 자아를 발견하는 과정

해석 40

여행하면 당신 자신을 찾을 수 있다.

Better to see something once than hear about it a thousand times.

- Unknown

* Travel: 현장 체험이 백 번 듣는 것보다 자신의 성장에 도움이 됨

해석 41

한 번 보는 것이 천 번 듣는 것보다 낫다.

Our happiest moments as tourists always seem to come when we stumble upon one thing while in pursuit of something else.

- Lawrence Block

* stumble upon: ~을 우연히 발견하다 (= stumble across, come across), ~을 우연히 만나다
* in pursuit of: ~을 추구하는 (= striving for), ~을 찾는 (= in search of), ~을 따라
* Travel: 예상치 못한 새로운 것을 발견했을 때 느끼는 감정은 최고의 행복임

해석 42

여행자로서 가장 행복한 순간은 항상 다른 무언가를 추구하는 도중에 우연히 한 가지를 발견할 때 오는 것 같다.

Every man can transform the world from one of monotony and drabness to one of excitement and adventure.

- Irving Wallace

* monotony: (생활, 일 등의) 단조로움 (ex. break the monotony, 단조로움을 깨다), 무미건조함
* drabness: (생활 등이) 재미없는 상태 (= dreariness), 답답함 (= dullness), 지루함 (= tediousness), (건물, 도시 등이) 우중충함 (= gloom), (색 등이) 칙칙함
* Travel: 우리가 삶을 변화시키고 세상을 더 나은 곳으로 만들 수 있음

해석 43

모든 사람은 단조롭고 지루한 세상을 흥미롭고 모험이 가득한 세상으로 바꿀 수 있다.

예문 44

We live in a wonderful world that is full of beauty, charm, and adventure. There is no end to the adventures we can have if only we seek them with our eyes open.

- Jawaharlal Nehru

- **with one's eyes open**: 눈을 크게 뜨고, 깨어 있는 상태로 (= observantly, consciously, vigilantly)
- **Travel**: 아름다움, 매력, 모험이 가득 찬 세상에서 새로운 것에 도전하려는 열정이 요구됨

해석 44

우리는 아름다움, 매력, 모험으로 가득한 멋진 세상에 살고 있다. 눈을 뜨고 찾기만 하면 우리가 할 수 있는 모험에는 끝이 없다.

예문 45

Broad, wholesome, charitable views of men and things cannot be acquired by vegetating in one little corner of the earth all of one's lifetime.

- Mark Twain

- **wholesome**: 건전한, (식품 등이) 건강에 좋은 (ex. wholesome food, 건강식), 유익한, 안전한
- **charitable**: 관대한 (↔ uncharitable), 자비로운, 자선의 (ex. charitable organization, 자선 단체)
- **vegetate**: 무기력하게 살다 (= be lazy or not active), 별로 하는 일 없이 지내다, 초목처럼 살다
- **Travel**: 다양한 사람들과 소통하며, 다양한 시각으로 세상을 바라보는 것이 중요

인간과 사물에 대한 넓고 건전하며 관대한 견해는 평생 동안 지구의 한 작은 구석에서 무기력하게 지내면 얻을 수 있는 것이 아니다.

예문 46

All journeys have secret destinations of which the traveler is unaware.

- Martin Buber

* Travel: 여행자가 예상하지 못한 비밀스러운 목적지를 발견할 수 있음

해석 46

모든 여정에는 여행자가 알지 못하는 비밀스러운 목적지가 있다.

예문 47

When preparing to travel, lay out all your clothes and all your money. Then take half the clothes and twice the money.

- Susan Heller

* lay out: ~을 펼쳐놓다, 늘어놓다, 배치하다, 제시하다 (= set out), 설명하다, 발표하다
* Travel: 불필요한 짐을 줄이고 여행에 필요한 돈은 충분히 준비함

해석 47

여행을 준비할 때는 모든 옷과 돈을 꺼내놓아라. 그리고 옷은 절반만, 돈은 두 배로 챙겨라.

예문 48

With age, comes wisdom. With travel, comes understanding.

- Sandra Lake

* wisdom: 현명함, 슬기, 지혜, 즉 사물의 이치를 빨리 깨닫고 사물을 정확하게 처리하는 정신적 능력
* Travel: 삶의 경험을 통해 깨달음을 얻고 다양한 문화와 사람들을 만나면서 새로운 시각을 갖게 됨으로써 자신의 삶을 더욱 풍요롭게 함

해석 48

나이가 들면서 지혜가 생기고, 여행을 하면서 이해력이 생긴다.

예문 49

Blessed are the curious for they will have adventures.

- Anonymous

* bless: (신 등이) ~을 축복하다, (성직자가) ~을 위한 축복 기도를 올리다, ~을 신성하게 하다, ~에게 은총을 내리다, 베풀다, ~을 위해 신의 은혜를 빌다
* Travel: 호기심이 강한 사람은 새로운 것을 배우고 경험하는 데 열정적임

해석 49

호기심이 강한 사람들은 축복받은 자들이다. 그들은 모험을 할 것이기 때문이다.

예문 50

No one realizes how beautiful it is to travel until he comes home and rests his head on his old, familiar pillow.

- Lin Yutang

* familiar: 친숙한, 익숙한 (ex. be familiar with, ~을 잘 알다), 낯익은, 격의 없는, 허물없는
* Travel: 집에 돌아와 편안하게 휴식을 취할 때 비로소 여행의 의미와 목적을 알게 됨

해석 50

집에 돌아와 낡고 친숙한 베개에 머리를 기대기 전까지는 여행이 얼마나 아름다운지 아무도 깨닫지 못한다.

참고 문헌

- 마이크 비킹, 『Hygge Life, 편안하게 함께 따뜻하게』, 위즈덤하우스, 2018.
- SY 언어개발팀, 『트랜디북 여행 영어』, 도서출판 삼영서관, 2019.
- Thomas L. Frederiksen, 『착한 여행영어』, 진명출판사, 2018.
- LTS 영어연구소, 『여행자의 영어 MUST CARRY』, 사람in, 2019.
- 송두석·박지언, 『관광 실용영어』, 에이드북, 2015.
- Meik Wiking, 『The Little Book of LYKKE』, PENGUIN LIFE, 2017.
- 『100 Best Travel Quotes of All Time』(www.travel-quote.com)
- 『여행영어 명언』(www.datasciencediary.tistory.com)
- 연호택·길우경·신남선, 『호텔·관광 영어』, 스타북스, 2013.
- 『새해 여행 건강하게 하는 법』(www.kormedi.com)
- 『다락원 영어』(www.darakwon.co.kr)
- 『Invitation to Korea』, 주덴마크대한민국대사관
- 『덴마크 정보와 뉴스』, 주한덴마크대사관
- 『오늘의 영어회화』, Naver 영어사전(www.naver.com)
- 덴마크(www.denmark.dk)
- 한국관광공사(www.visitkorea.or.kr)
- 국가문화유산포털(www.heritage.go.kr)

- 정영은, 『나는 영어로 외교한다』, 키출판사, 2018.
- 해외문화홍보원(www.kocis.go.kr), 문화체육관광부
- 타임즈미디어·김의락·강대영, 『하이패스 비즈니스 영어 통번역』, 시대고시기획, 2019.
- 소리클럽, 『Power Speak about KOREA』, 넥서스, 2008.
- 무라카미 하루키, 『나는 여행기를 이렇게 쓴다』, 문학사상, 2018.
- 조상무, 『삶도 일도 행복한 직장인입니다』, 북랩, 2020.
- 임창석, 『한 권으로 끝내는 해외여행 영어회화』, 아시아 북스, 2017.
- Willy, 『영문 비즈니스 이메일』, 혜지원, 2019.
- Meik Wiking, 『The Little Book of HYGGE』, PENGUIN LIFE, 2016.
- 능률교육 편집부, 『능률·롱맨 영한사전』, NE능률, 2009.
- 『Macmillan English Dictionary』, Macmillan Education, 2002.
- 유수연, 『에어클래스』, Youtube, 2020.
- 강형기, 『논어의 자치학』, 비봉출판사, 2019.
- 두산백과(www.doopedia.co.kr)
- Maggie Teneva, 『Travel Tips』, www.skyrefund.com, 2019.
- 위키피디아(www.wikipedia.org)
- 『영어 교통표지판 종류 및 읽고 뜻 알아보기』, 밀가루쌤 영어 블로그, 2014.
- 코리아타임즈(www.koreatimes.co.kr)
- 김학용, 『프리토킹에 강해지는 토론 영어』, 넥서스, 2007.
- 익스피디아(www.expedia.co.kr)
- 마스다 미리, 『세계 방방곡곡 여행 일기』, 북포레스트, 2023.
- DemiDec, 『데미덱 영어회화사전』, YBM, 2013.
- 식품과학사전, 한국식품과학회(www.kosfost.or.kr)
- 한복진, 『우리가 정말 알아야 할 우리 음식 100가지』, 현암사, 2011.